Despertar do Mestre

Despertar do Mestre

Descubra como despertar o melhor que há em você

Coordenação
Fernando Rosa Mestre
Andréia Roma

Copyright© 2019 by Editora Leader
Todos os direitos da primeira edição são reservados à Editora Leader

Diretora de projetos
Andréia Roma

Revisão:
Editora Leader

Capa
Editora Leader

Projeto gráfico e editoração:
Editora Leader

Livrarias e distribuidores:
Liliana Araújo

Atendimento:
Rosângela Barbosa, Érica Rodrigues
e Juliana Corrêa

Organização de conteúdo:
Tauane Cezar

Diretor financeiro
Alessandro Roma

Dados Internacionais de Catalogação na Publicação (CIP)
Bibliotecária responsável: Aline Graziele Benitez CRB-1/3129

D489 Despertar do mestre / [Coord.] Andréia Roma,
1.ed. Fernando Rosa. – 1 Ed. – São Paulo: Leader, 2019.

ISBN: 978-85-5474-046-7

1. Autoajuda. 2. Desenvolvimento. 3. Equilíbrio pessoal.
4. Comportamento. 5. Aperfeiçoamento pessoal.
I. Roma, Andréia. II. Rosa, Fernando. III. Título.

CDD 158.1

Índices para catálogo sistemático:
1. Autoajuda: desenvolvimento
2. Comportamento: equilíbrio pessoal
3. Aperfeiçoamento pessoal

2019

Editora Leader Ltda.
Rua Nuto Santana, 65, sala 1
02970-000 – São Paulo – SP – Brasil
Tel.: (11) 3991-6136
andreiaroma@editoraleader.com.br
www.editoraleader.com.br

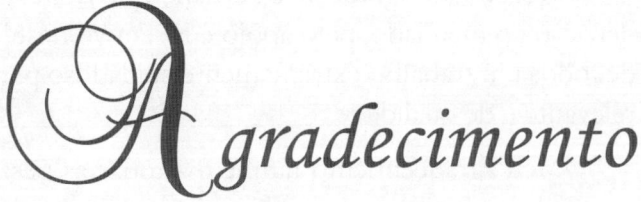Agradecimento

Ao ter este livro pronto em minhas mãos e relendo com tranquilidade, imaginei você, leitor, aproveitando o seu conteúdo, página por página, e a cada tema aumentando a vontade de ler todos os capítulos. E assim fazer descobertas, se conhecer melhor, se preparar para uma carreira de sucesso e uma vida mais plena e feliz.

Então, começo agradecendo a você, que adquiriu ou foi presenteado com este livro, porque nossa empreitada só tem sentido quando chega ao nosso público.

Ao mesmo tempo, agradeço aos 15 coautores, que através das suas experiências relatadas aqui de maneira clara e objetiva compartilham lições, dicas sobre liderança e autoconhecimento. E muito mais... Mas isso você, leitor, terá de descobrir sozinho...

Os coautores encontraram na capacitação com base nos conceitos do Coaching e da Programação Neurolinguística (PNL) o caminho para se transformarem e despertarem o que havia de melhor em seu interior. Cada um deles aborda um tema que vai ajudá-lo a ter mais qualidade de vida e alcançar seus objetivos, seja na vida pessoal ou profissional.

Agradeço a cada um desses coautores por sua disposição e generosidade em dedicar uma parte de seu tempo a escrever e acompanhar a edição deste projeto. Agradeço ainda por dar esta oportunidade a nossos leitores de agregar conhecimento de valor às suas vidas.

Gostaria de agradecer a Fernando Rosa Mestre, que assina a coordenação ao meu lado, pelo apoio e incentivo neste processo, que exige de todos um trabalho extremamente cuidadoso para publicar conteúdo relevante e de qualidade.

Meu agradecimento também a todas as pessoas que atuaram ao meu lado ao longo do caminho até o momento de sentir o "perfume" dos livros novos chegando à Editora.

É muito gratificante para nós, da Editora Leader, o sucesso que temos obtido com nossas obras de coautoria. Escolhemos temas de relevância, atuais, reunimos especialistas das diferentes áreas e temos feito diferença na vida de milhares de pessoas no Brasil e no Exterior. E na vida de profissionais que registram num livro seus conhecimentos e crescem profissionalmente.

Afinal, um livro muda tudo.

Boa leitura!

Andréia Roma
CEO e coordenadora de projetos da Editora Leader

Introdução

Prezado leitor,

Parabéns por sua decisão, se você está com esse livro em suas mãos é porque tem sede de conhecimento e crescimento. Acredite, aqui será o início de uma nova jornada, um novo ciclo em sua vida. Prepare-se para ter uma experiência única e transformadora, em cada capítulo você poderá se conectar com um conteúdo que pode servir para sua vida ou de uma pessoa querida.

Você terá uma leitura dinâmica, com aprendizados e exercícios para praticar após cada capítulo. Além de links com ferramentas videoaulas que complementam o conteúdo apresentado por cada coautor.

A base deste livro vem do curso presencial Despertar do Mestre, um treinamento de liderança e autoconhecimento que tem como base conceitos do Coaching, da Psicologia Positiva e da PNL (Programação Neurolinguística). Todos os participantes tiveram aula com o treinador Fernando Rosa Mestre e conseguiram aplicar seus ensinamentos de forma consistente em suas vidas e agora vão para uma próxima etapa do aprendizado: ensinar a outras pessoas o que sabem.

Nesta obra você vai navegar por diversas áreas de sua vida, vamos falar de autoconhecimento, no qual você poderá responder a uma pergunta poderosa: "**Quem eu sou?**"

Vamos falar sobre família, focando a importância do papel do pai, da mãe e da nossa autoestima para ter uma base sólida para apoiar e ser apoiado em nosso lar. Essa abordagem vai ajudá-lo a refletir sobre seu lado pessoal.

A parte profissional será abordada com foco em alta performance e comunicação. Você vai aprender técnicas e ferramentas que vão alavancar sua carreira e seu papel como líder.

Essas duas etapas, pessoal e profissional, vão prepará-lo para responder à pergunta: "**Onde estou?**"

Em alguns capítulos do livro vamos de falar de realização, sucesso, felicidade e gratidão. É o momento de pensarmos em legado, o que estamos construindo e com isso deixar claro para você e para o mundo a sua volta: "**Aonde quero chegar?**"

Despertar do Mestre é um grande trabalho de individuação, que segundo Carl Jung é o processo no qual o ser humano evolui de um estado infantil de identificação para um estado de maior diferenciação, o que implica uma ampliação da consciência.

Quem eu sou? | Onde estou? | Aonde quero chegar?

Você poderá ler os capítulos em sequência ou, se preferir, escolher o tema mais adequado para o seu momento. Para facilitar sua leitura, segue uma prévia de cada coautor e conteúdo dos capítulos:

Adriana Dornelas – Gratidão gera transformação

Para abrir o nosso livro, a coautora Adriana Dornelas pensou em escrever sobre a luta que teve para vencer um câncer de mama. Mas percebeu que falar de problema só gera mais problema. Portanto decidiu abordar o que realmente gerou transformação em sua vida e que vai impactar a sua também, caro leitor. Adriana participou da primeira turma do Despertar do Mestre em São Paulo e lá pôde aprender um pouco sobre Psicologia Positiva e validar ainda mais o poder que a gratidão tem em nossa vida. Através da dinâmica da carta vermelha (só quem faz o curso entende o que é) ela pode externar seus mais profundos sentimentos de gratidão. Esse capítulo é para tocar sua essência e com isso despertar o melhor que existe em você e nas pessoas que você ama.

Alexandre Pontual – Despertar paterno

Advogado de Família e *coach*, Alexandre Pontual esteve na turma de Ribeirão Preto/SP. Em sua mensagem faz uma nova leitura dos 7 níveis da pirâmide evolutiva, direcionada para os pais. Você poderá refletir sobre o efeito da ausência de uma paternidade consciente. Em um breve exercício vamos entender o que a paternidade significa para você. Tenho certeza que tem muito homem que precisa ler essa mensagem.

Ângela Oya – Planejamento e organização - A base da alta performance

Aluna do Despertar do Mestre na cidade de Manaus/AM, Angela Oya descreve um pouco de sua experiência como executiva em grandes empresas, para nos mostrar dicas para ter um melhor planejamento e com isso atingir a tão desejada alta performance. Detalhe: impactando diretamente na qualidade de vida e autoconhecimento.

Erick Pacheli – É tempo de cuidar do tempo

A vida do empreendedor Erick Pacheli, da cidade de Bauru/SP, teve uma transformação incrível depois que ele adotou a gestão do tempo como prioridade para suas ações. Você vai aprender em seu texto como encontrar a plenitude na vida pessoal e profissional. Reserve um tempo para ler atentamente e aplicar os exercícios que ele apresenta.

Fábio Augusto – O despertar para o sucesso

Quando participou dos primeiros cursos de desenvolvimento pessoal, o jovem Fábio Augusto, de Barbacena/MG, não tinha ideia como sua vida iria mudar. Esse é um capítulo que todo jovem deveria ler. Cada vez mais encontramos meninos de 30 anos que não sabem para onde ir e muitas vezes ficam encostados em seus pais. Nessas páginas o Fábio vai te mostrar como com aproximadamente 20 anos ele pôde despertar para a vida e iniciar uma história de sucesso.

Felipe José – Comunicação para líderes na era pós-digital

O *coach* Felipe José é um jovem apaixonado por conhecimento. Ele é da cidade de Barbacena/MG, pensa em uma pessoa com quem você pode passar horas ao lado discutindo sobre diversos assuntos. Em seu texto você vai aprender algumas técnicas de PNL que vão potencializar sua comunicação. Aproveite.

Fernanda Baruta – O despertar de um casal

Coach e psicanalista clínica, Fernanda Baruta participou das turmas de São Paulo e Campinas, inclusive levando seu esposo. Em seu texto, Fernanda relata uma experiência que reflete a evolução da família na sociedade e apresenta os 7 níveis da pirâmide do processo evolutivo, direcionada para fortalecer o amor de um casal. Tenho certeza que você irá se surpreender com essa história.

Fernanda Teles – Corpo e Mente

Para falar de desenvolvimento pessoal, nada melhor do que falar do equilíbrio entre seu corpo e sua mente. A coautora Fernanda Teles, aluna em Catalão/GO, chega com um texto sobre determinação. Para escrever seu capítulo ela relatou que espalhou em sua mesa fotos do passado e reviveu cada momento de sua transformação. Sem dúvida foi uma experiência incrível que vale a pena você ler e reler.

Idelísia Dourado – Você pode, acredite!

Também aluna em uma das turmas do Despertar em Brasília/DF, a psicóloga e *coach* Idelísia Dourado tem o dom de iluminar as pessoas que toca com suas palavras. Nesse capítulo se prepare para descobrir maneiras de eliminar as crenças limitantes que se escondem em seu inconsciente. Após essa leitura você terá consciência de sua luz e de sua sombra. Respire fundo e tenha uma excelente leitura.

Jaflete Raquel – Quem sou eu?

Jaflete saiu de Indaiatuba, interior de São Paulo para buscar conhecimento participando em uma das turmas na capital paulista. Desde então não parou mais de investir em seu crescimento fazendo outros cursos. Em seu texto, você, leitor, vai entrar em uma viagem sobre quem você é. Jaflete vai falar do ciclo da vida que se inicia ao nascer e só termina com a morte. Nesse intervalo temos que fazer nosso caminho, construir nossa história despertando um sexto sentido chamado "AMOR".

Janaína Corrêa – Despertar MM

Já que falamos de casais e o papel dos pais nos capítulos anteriores, chegou a hora de falar sobre as mães. Para isso a *coach* Janaína Corrêa, da cidade de Bauru/SP, vem com um texto divertido e envolvente que mostra a importância de viver cada etapa da maternidade sem perder sua identidade. Você, mãe, vai perceber que mesmo entre chupetas e noites mal dormidas é possível ter leveza e satisfação em nossa vida. Atenção, somente no meio do capítulo você terá a sua definição de MM, aguarde.

Luiz Claudio Santos – Metas: tudo bem se não alcançá-las!

Agora chegou a hora de o nosso livro abordar conceitos que irão impactar diretamente sua vida profissional. O *coach* Luiz Claudio participou do Despertar do Mestre em Brasília/DF e vem com uma abordagem diferente para que você tenha metas definidas para ajudar no desenvolvimento e evolução pessoal e institucional e não necessariamente para serem atingidas. Achou polêmico? Leia e se surpreenda.

Mônica Carneiro – Mudanças promovem mudanças

A Mônica é uma profissional que vem do mundo de TI e Educação, participou do Despertar do Mestre em Brasília/DF. Atuando como *coach*, tem feito a diferença na vida de muitas pessoas. Seu texto vai instigar você, leitor, a sair da zona de conforto e gerar mudanças em sua vida. Muitos acham que as mudanças estão associadas a dor e perda, mas você vai ver o quanto mudar é nos colocar na direção em que queremos ir, é nos permitir sair da zona de conforto.

Rubens Neves – Flow, o caminho para a felicidade autêntica

Com aproximadamente 40 anos, o *coach* e empresário Rubens Neves ouviu de seu médico uma frase mais ou menos assim: "Ou você corre ou você morre". Esse era um alerta para que ele deixasse a vida sedentária, focada somente em trabalho, e cuidasse mais do seu corpo e da sua mente. Esse foi o pontapé inicial para uma transformação. Vivendo em Dracena/SP, cuidou do corpo praticando corrida de rua, até se tornar um maratonista. Trabalhou sua mente fazendo a formação em *coach* em Ribeirão Preto e o Despertar do Mestre na turma de Campinas. Além de outros cursos que o transformaram em um grande desenvolvedor de pessoas. Vale a pena aprender com ele, mas atenção, quem ler a mensagem do Rubens provavelmente sentirá a necessidade de calçar um par de tênis e ir no caminho de sua felicidade.

Sidnei Rodrigues – Estudante da escola da vida

Conversar com o Sidnei Rodrigues é fazer uma viagem cultural, é navegar por páginas de livros através de uma voz tranquila e um olhar acolhedor. Sidnei participou do Despertar do Mestre em São Paulo e vem com um capítulo contando sua paixão pelos livros. Acredito que esse será um despertar literário para você, caro leitor. Muitos vão terminar de ler essa obra já pensando em qual será a próxima. O aprendizado nunca para.

Aqui foi somente a introdução desta obra e tenho certeza que tem gente que está na dúvida por qual capítulo começar. Digo a você que o importante é dar o primeiro passo, iniciar a leitura em um ambiente agradável e tranquilo, para que você possa se conectar com cada mensagem.

Lembre-se de que ao final de cada capítulo você terá o link para acessar uma página com diversos vídeos e ferramentas que complementam o seu aprendizado. Além de ter o contato de cada coautor, caso queira compartilhar suas experiências, tirar dúvidas ou mandar seu elogio sobre o texto.

Agora, se você deseja realmente aprender o conteúdo deste livro, leia, pratique, discuta com outras pessoas, mas, principalmente, ensine a alguém os conceitos que irá absorver. Ao ensinar você vai internalizar o conhecimento de forma profunda e terá grandes mudanças em seu comportamento.

Seja bem-vindo à família IRM – Instituto Rosa Mestre, temos certeza de que juntos vamos Despertar o Mestre que existe em você.

Forte Abraço

Fernando Rosa Mestre
Presidente do Instituto Rosa Mestre

Fernando Rosa Mestre

𝒫alestrante Internacional e Master Coach *Sênior*. Ajuda pessoas que estão incomodadas com seus resultados *a saírem da zona de conforto*, despertando seus talentos e habilidades, para melhorar seu autoconhecimento, planejamento e produtividade.

Desde 2003 realiza palestras e treinamentos, capacitou milhares de pessoas e centenas de empresas pelo Brasil, Colômbia e Japão.

Administrador de Empresas, com especializações em Gestão de Pessoas, Coaching, Psicologia Positiva, PNL, Empreendedorismo, Comunicação, Liderança, entre outras.

Coautor em cinco livros, é o coordenador desta obra *Despertar do Mestre*, fruto do treinamento que realiza sobre liderança e autoconhecimento.

Contato

(11) 2389-8907

fernando@rosamestre.com.br | www.fernandorosa.com.br

Instagram: @fernandorosamestre

Sumário

Adriana Dornelas
    Gratidão gera transformação 17

Alexandre Pontual
    Despertar paterno 29

Ângela Oya
    Planejamento e organização 41

Erick Pacheli
    É tempo de cuidar do tempo 55

Fábio Augusto
    O despertar para o sucesso 65

Felipe José
    Comunicação para líderes na era pós-digital 75

Fernanda Baruta
    O despertar de um casal 87

Fernanda Teles
    Corpo e mente 99

Idelísia Dourado

    Você pode, acredite!.. 111

Jaflete Raquel

    Quem sou eu? 121

Janaína Corrêa

    Despertar MM 129

Luiz Claudio Santos

    Metas: tudo bem se não alcançá-las! 141

Mônica Carneiro

    Mudanças promovem mudanças 151

Rubens Neves

    Flow, o caminho para a felicidade autêntica......................... 163

Sidnei Rodrigues

    Estudante da escola da vida 175

1

Adriana Dornelas

Gratidão gera transformação

Descubra como transformar sua vida hoje e sempre

Adriana Reis Dornelas

Bacharel em Publicidade e Propaganda com ênfase em Marketing – FAM (Faculdade das Américas). Líder Coach – Despertar do Mestre (Instituto Rosa Mestre).

Contato

(11) 2389-8907

E-mail: adriana@rosamestre.com.br

www.rosamestre.com.br

Gratidão gera transformação

Descubra como transformar sua vida hoje e sempre

Quando fui convidada para fazer parte desta obra, pensei em escrever sobre o maior desafio que já enfrentei em toda minha vida, um câncer de mama que descobri em 2016. Mas esse é um assunto sobre o qual podemos conversar em outro momento. Agora quero falar com você não sobre a dor, mas sim sobre os aprendizados que tive, especialmente nesse período de luta e que servem para todos nós em diversos momentos da vida.

Falar de problema só gera mais problema.
Falar de solução gera transformação.

Pare neste momento inicial da leitura deste capítulo e pense sobre o que tem passado em sua mente nos últimos tempos. Que tipo de programas e filmes tem assistido? Quais livros ou revistas tem lido? Que tipo de sites você visita normalmente?

Essas perguntas o fazem refletir sobre qual tipo de informação você tem absorvido. São conteúdos que lhe trazem mais alegria ou tristeza? Que lhe fazem bem ou lhe fazem mal?

Sou Adriana Reis Dornelas, formada em Publicidade, casada, mãe de duas meninas e uma pessoa apaixonada pela vida. Que gosta de sorrir, conversar, abraçar e aproveitar cada dia da melhor forma possível. Nas próximas páginas vou compartilhar com você informações e experiências que tenho certeza que vão contribuir para o seu Despertar e das pessoas que você ama.

Como lhe falei, não é um artigo sobre como vencer o câncer de mama, mas sim dos aprendizados que tive após a descoberta e como essas lições podem ajudar qualquer pessoa em diversas situações a terem uma transformação significativa em sua vida, tanto pessoal como profissional.

Mas fique tranquilo que não vou chegar com nenhuma fórmula mágica e muito menos com uma lista gigante de sugestões e dicas como vejo e aprendo com diversos livros e gurus que leio.

Quero falar apenas sobre duas ações que fizeram muita diferença na minha vida e tenho certeza absoluta que vão contribuir com as mudanças positivas para você e para as pessoas que você ama.

Dica 1: viva o seu melhor todos os dias

Essa é a primeira dica, que pode até parecer clichê, mas lhe garanto, há muitas pessoas que mesmo sem perceber apenas sobrevivem e não vivem. Passam um dia após o outro em uma mesma rotina, em um ciclo vicioso de reclamações, angústias e não conseguem sair da "Corrida dos Ratos", termo esse usado por Robert Kyosaki no livro *Pai Rico Pai Pobre*, para referenciar pessoas que vivem em um ciclo contínuo de muito trabalho, em um exercício sem fim, autodestrutivo e de pouco resultado.

Quando participei do curso Despertar do Mestre, um grande aprendizado que tive foi sobre o Mito da Caverna de Platão. Explicando para você com minhas palavras, vi que existem pessoas que sentem medo de sair da zona de conforto. Ficam limitadas a um mundo restrito, sem coragem de expandir sua "caverna" e ter novas oportunidades e escolhas.

Enquanto outros despertam para fazer algo diferente, saindo da zona de conforto, abandonando a corrida dos ratos, expandindo sua caverna e seu *mindset*. Essas são as pessoas que conseguem ter a oportunidade de trazer mais vida para sua vida. Colecionando experiências e histórias para lembrar e poder dizer no futuro que valeu a pena ter vivido cada dia da sua vida.

Há pessoas que têm o hábito de dizer: *"Viva cada dia como se fosse o último dia da sua vida"*. Mas sinceramente eu, Adriana Reis, não concordo muito com essa mensagem.

Durante meu tratamento oncológico conheci muitas pessoas que venceram e outras não. Estudei muito sobre o assunto e pude perceber que os últimos dias da vida de uma pessoa não são muito bons. Começa bater aquela sensação de que deixou de fazer muitas coisas, de que não vai ver outras.

Tive a oportunidade de assistir a um vídeo muito interessante da dra. Ana Claudia Quintana Arantes, sobre os cinco maiores arrependimentos das pessoas antes de morrer, que é conteúdo do livro *Antes de Partir: uma vida transformada pelo convívio com pessoas diante da morte*, da enfermeira australiana Brownie Ware.

Compartilho com você aqui quais são esses cinco maiores arrependimentos:

1. Eu gostaria de ter tido a coragem de viver a vida que eu queria, não a vida que os outros esperavam que eu vivesse.

2. Eu gostaria de não ter trabalhado tanto.

3. Eu queria ter tido a coragem de expressar meus sentimentos.

4. Eu gostaria de ter ficado em contato com os meus amigos.

5. Eu gostaria de ter me permitido ser mais feliz.

Portanto eu reforço para você não levar a sua vida como se hoje fosse o seu último dia. Convido-o a viver com o seguinte pensamento:

"Viva todos os dias como sendo o melhor dia da sua vida".

Se você está em um momento de desafios, de tristeza, olha para os lados e não encontra saída, convido-o a anotar essa frase acima em um lugar visível, por exemplo, na tela do seu celular, e a leia diariamente. Viva intensamente que logo tudo irá mudar para melhor.

Essa é uma forma de você sempre olhar para o passado e ver o quanto fez sua vida valer a pena.

Você vai poder olhar para o futuro e visualizar que está no caminho para conquistar seus objetivos.

Olhar para o presente e ver que a cada dia que acorda tem a oportunidade de escrever mais um lindo capítulo em sua história de vida.

Uma outra mensagem que me marcou muito ao vivenciar o curso Despertar do Mestre foi a pergunta que o Fernando Rosa Mestre fez:

"Quando foi a última vez que você fez algo pela primeira vez?"

Pude refletir o quanto tinha parado de me aventurar, de criar novas situações, conhecer pessoas diferentes, conhecer lugares novos. E olha que eu sempre fui muito comunicativa, fácil de fazer amizades e sempre amei viajar.

Sinto que interagir com pessoas e conhecer lugares novos é algo que faz com que me sinta renovada, trocar ideias, dar risadas, isso alimenta nossa alma. Viajar, passear, tirar fotos e colocar ímãs de cidades na porta da geladeira é tão gratificante! Para satisfazer a minha necessidade de conhecer pessoas e lugares, procurei criar diversas situações que me ajudaram.

Por exemplo, tive a oportunidade de trabalhar em uma empresa que cuidava de documentação de estrangeiros que vinham trabalhar no Brasil. Tentei ao máximo ser transferida para o departamento de navios. Com isso precisava ficar alguns dias em cidades que faziam fronteira com nosso país e embarcada em alguns navios de cruzeiro fantásticos. Isso me levou para lugares maravilhosos, sem ter despesas e sim gerando receita. Hoje tenho fotos de Fernando de Noronha, Cataratas do Iguaçu, Corumbá, cidades da Argentina, Paraguai, entre outros lugares.

Na faculdade, cursei Publicidade e Propaganda, escolhi como

tema do meu trabalho de conclusão de curso um estudo de caso sobre o parque Beto Carreiro World, que fica no litoral norte do estado de Santa Catarina. Com isso, minhas colegas de grupo e eu ganhamos algumas diárias no parque, tendo a oportunidade de conhecer os bastidores e a região sem despesas.

Minha sogra mora no Japão, e em 2015 fui com minha família visitá-la e aproveitamos uma excelente promoção da companhia aérea que nos permitiu ficar alguns dias em Dubai, nos Emirados Árabes. Foi uma oportunidade inesquecível, conhecer outra cultura, um lugar futurista, subir no Burja Khalifa, fazer safári no deserto e muito mais. No Japão não tive medo de desbravar o labirinto que é o sistema de trens e metrô de Tóquio. Mesmo não dominando o idioma, meu marido, minha filha mais velha e eu passeamos sem ter que depender da minha sogra ou amigos.

Não tenha medo de ir além dos seus limites. Não precisa ir para o outro lado do mundo, mas se permita conhecer um bairro diferente em sua cidade, vá para a cidade vizinha almoçar, cruze a divisa do seu estado ou país, crie situações que contribuam para você expandir o seu horizonte. Dormir na nossa cama é maravilhoso, mas acordar em lugares diferentes é renovador.

Portanto essa primeira dica é para você viver o seu melhor todos os dias, fazendo a vida valer a pena, colecionando momentos memoráveis. Uma sugestão de ação é sair da rotina se permitindo conhecer novos lugares frequentemente.

Reforço que é importante saber respeitar os seus limites, nem todos os dias estamos 100%. Portanto sabemos que faremos o nosso melhor, dentro das nossas capacidades diárias. Mas sem nos sabotar, precisamos ter sinceridade conosco e não ficar inventando desculpas ou desistindo diante dos primeiros obstáculos.

Durante meu tratamento oncológico, tive um período em que fiquei debilitada, com isso deixei de fazer alguns passeios e viagens com meus familiares. Mas digo que as lembranças dos lugares que já conheci e os planos dos novos lugares que vou conhecer me fortaleceram muito para vencer aquela batalha.

Diga-me: qual a próxima viagem que você vai fazer?

Dica 2: use e abuse do poder da gratidão

Falar a palavra obrigado para alguns é tão fácil, mas para outros é muito desafiador. Percebo que tem gente que deixa de agradecer porque no seu interior acredita que o outro não fez mais do que a obrigação. Outros se sentem inferiorizados por estar recebendo e não oferecendo. Mas, acredite, esse é o grande equilíbrio da vida. Saber doar e receber.

Tem momentos em que estamos oferecendo algo de nós para as pessoas e outros em que recebemos algo. Precisamos estar abertos para as duas situações sabendo nos doar e ajudar o outro. Esse movimento em equilíbrio faz bem para todos.

E, para que esse equilíbrio exista, precisamos de uma liga fundamental que é o poder da gratidão. Geralmente agradecemos quando alguém faz algo por nós, mas, mesmo quando ajudamos alguém, devemos agradecer pela oportunidade que aquela pessoa nos deu para fazer o nosso melhor por ela.

Estudos mostram que a gratidão é uma das maneiras mais poderosas para se entrar em um estado emocional mais positivo. As pessoas que praticam gestos de gratidão se tornam mais saudáveis, mais dispostas e se sentem mais jovens.

Desde pequena fui ensinada a agradecer, cresci mantendo e cultivando esse hábito em mim e nas minhas filhas. Acredito que essa postura me abriu portas, me gerou amigos e diversas relações prazerosas. Mas sempre agradecia aquilo que era visível, com o desafio que comentei com vocês que tive a partir de 2016 percebi que a gratidão não deve ocorrer apenas quando alguém faz algo por você. Temos que ficar atentos e agradecer os acontecimentos simples da vida.

O simples fato de acordar cada dia com vida, bem para fazer

meus afazeres, enxergar a paisagem, sentir o sol, andar, respirar, se alimentar, nossa, são tantas coisas que podemos agradecer que essa relação poderia ficar gigantesca. Para ajudar eu defini quatro tipos de gratidão para trabalhar:

Gratidão física: tudo que está relacionado ao bem-estar do meu corpo. Agradeço a minha saúde física e mental, a minha disposição e coragem de vencer. Procuro nessa etapa agradecer o alimento que me sustenta, a água que me hidrata e o ar que eu respiro.

Gratidão pessoal: agradecer às pessoas que estão ou passaram na sua vida. Esse é o gesto de gratidão mais comum, agradecer a alguém. Mas muitas vezes nos esquecemos de demonstrar nosso sentimento achando que o outro já sabe. Lembre-se, as pessoas não leem pensamentos, precisamos expressar nosso reconhecimento, e isso é com sua família, amigos, mentores, pessoas do nosso dia a dia. O legal é que a gratidão tem um efeito mágico que é a reciprocidade. Quando agradecemos de coração e com naturalidade, automaticamente instalamos no outro a vontade de em algum momento retribuir, gerando assim um ciclo positivo nas relações.

Gratidão material: tudo aquilo que conquistei ou experiências que vivi e que fazem parte da minha história. Agradeço desde a cama e o teto que tenho, assim como meus estudos, minhas viagens e experiências que vivi. Se você deseja ter abundância em sua vida, é fundamental aprender a valorizar o que possui hoje e esse será o primeiro passo para novas realizações materiais.

Gratidão espiritual: a fé, a espiritualidade, agradecer ao meu Deus por todas as dádivas que tenho na vida. Independentemente da sua religião, das suas crenças, crie o hábito de agradecer ao universo, a essa energia divina por tudo que acontece a sua volta. Esse movimento gera em mim paz de espírito, me permitindo colocar a cabeça no travesseiro todas as noites de bem comigo mesma, sabendo que fiz o meu melhor durante o dia e, se não fiz, peço a Deus para que amanhã tenha forças para melhorar.

Exercício para despertar

Para estimulá-lo a usar a gratidão diariamente e com isso gerar uma transformação em sua vida, quero lhe sugerir um exercício que vem da Psicologia Positiva, o Diário de Gratidão.

Essa atividade meu marido faz quase que todos os dias à noite com nossa filha menor antes de dormir, com perguntas sobre como foi o dia dela. Com isso ela consegue fortalecer o que teve de bom no dia e ressignificar o que não foi tão bom.

Para nós, adultos, sugiro ir além da conversa, convido-o a literalmente pegar um caderno e criar o seu diário. Nele você vai escrever os quatro itens que detalho a seguir:

1) Por que valeu a pena o seu dia de hoje?

Nesse tópico você deve fazer um feedback positivo resgatando tudo que aconteceu de bom no seu dia. Lembre-se dos quatro tipos de gratidão, sempre acontece algo em nosso dia que podemos dizer que valeu a pena. Essa reflexão vai fortalecê-lo e encorajá-lo a fazer seu melhor para sempre aumentar os itens desta questão.

2) Se pudesse voltar no tempo, o que eu faria de diferente?

Agora é a hora de ressignificar o que não aconteceu de bom. Ao escrever sobre algo que fez que não foi bom, você está dando a oportunidade de rever e olhar por um outro ângulo aquele fato. Muitas vezes surgem respostas para que no próximo dia você possa fazer de forma diferente algo que não deu certo. Esta etapa é transformadora, você vai dormir com a solução em sua mente e não com o problema.

3) Liste algumas ações que irá fazer no dia seguinte:

Diversos autores de produtividade falam da importância de trabalharmos com lista de ações. No Diário de Gratidão também fazemos uma breve lista para que você tenha um norte a seguir a cada dia. Nesse momento marque algumas ações que serão fundamentais realizar no próximo dia. Talvez uma das ações seja corrigir algo que citou na segunda pergunta. Seja realista, não adianta colocar muitas coisas de uma vez, mas também não vale se sabotar colocando coisas simples demais. Busque atividades que farão a diferença em seu dia e lhe darão uma sensação de satisfação e realização.

4) Declaração de Gratidão

Agora chegou a hora de literalmente agradecer, escreva com vontade sobre os fatos, acontecimentos, pessoas às quais você é grato nesse dia. Agradeça a você mesmo por tudo que fez. Lembre-se da gratidão espiritual. Escreva o que vier no seu coração, mesmo que às vezes algumas mensagens se repitam em alguns dias. Esse momento de externalizar todo sentimento de gratidão que está no seu subconsciente é mágico.

Nesse momento pare e pense sobre o que vai passar na sua mente a partir de agora. Faça o seu melhor todos os dias. Cultive o Poder da Gratidão no mundo a sua volta.

Para assistir minha videoaula sobre esse capítulo, acesse:
www.despertardomestre.com.br/livro-videos

Um forte abraço.

2

Alexandre Pontual

Despertar paterno
Os benefícios de uma paternidade consciente

Alexandre Pontual

Advogado Sistêmico na Advocacia Pontual – Direito das Famílias e Sucessões, atuando pela internet e com escritório físico em Araraquara (SP).

Coach com certificações internacionais pela Global Coaching Community (GCC), European Coaching Association (ECA), Brazilian Coaching Institute (IBC), International Association of Coaching (IAC) e Center for Advanced Coaching (CAC).

Leader Coach do Behavioral Coaching Institute (BCI). Analista Comportamental e Analista 360º - Instituto Brasileiro de Coaching (IBC).

Leader Coach do Instituto Coaching para Advogados (ICA). Leader Coach – Despertar do Mestre (Instituto Rosa Mestre). Pós-graduando em Essential Master Coaching pelo Instituto de Pós-Graduação e Graduação (IPOG). Advogado Sistêmico, certificado pela Gestão da Advocacia Sistêmica.

Contato
(16) 3463-0214 | WhatsApp: (16) 99613-1595
www.advocaciapontual.com.br

Despertar paterno
Os benefícios de uma paternidade consciente

A paternidade sempre foi um tema bastante discutido na sociedade. Culturalmente o pai sempre exerceu, se dedicou ao papel de provedor da família, deixando assim, muitas vezes, de identificar, de observar, de sentir os benefícios de uma paternidade mais consciente, responsável, ativa.

Confesso que passei a prestar mais atenção no tema no ano de 2013, quando nasceu minha primeira filha, Laura, que me fez refletir sobre o meu papel de pai, sobre a importância que ela tinha em minha vida, e eu na vida dela. Em seguida, no ano de 2015, com o nascimento do meu segundo filho, Joaquim, me veio a necessidade de aprofundar-me ainda mais no tema, buscando informações sobre como me tornar, ser aquilo que eu considero que seja um bom pai.

Eu sou Alexandre Pontual, *coach* e advogado. Posso dizer que meu pai, o sr. Clayton, sempre foi referência para mim, contribuindo ativamente com a formação dos meus valores, mas eu precisava buscar mais informações sobre a paternidade e os impactos dela em minha vida pessoal e até mesmo profissional, realizando assim as minhas próprias descobertas.

Na verdade, este tema já se encontra presente em minha vida desde o ano de 2008, quando iniciei minhas atividades como advogado de Família, atendendo centenas de homens e mulheres mergulhados em seus conflitos familiares, e no meio destes conflitos sempre estavam presentes crianças e adolescentes.

Através do exercício da Advocacia de Família nesses últimos anos, passando a ter uma visão mais sistêmica dos casos, após as minhas formações na área de desenvolvimento humano, pude observar que muitos pais ainda não encontraram um verdadeiro significado para a paternidade, assimilando-a exclusivamente com o dever de sustento, deixando de ocupar um lugar de destaque na vida de seus filhos.

Diversos são os motivos que se apresentam no dia a dia nos impedindo de nos conscientizarmos da importância de evoluirmos como pessoas, como homens, como pais e de agirmos neste sentido. O principal deles, ou, ao menos, o mais observado por mim nesta caminhada, é que vivemos em um mundo onde tudo ocorre de forma frenética, e nos concentramos em obter aquilo que é externo, e muitas vezes superficial (dinheiro, sucesso, reconhecimento, *status*), deixando de nos comprometer e de ver significado em coisas mais simples, como andar de bicicleta, jogar futebol, brincar de "cabaninha", de festa do pijama, sorrir, se impressionar, vibrar, ser feliz.

A falta de equilíbrio nas relações familiares e o posicionamento do pai de um modo mais distante, ausente, concentrado exclusivamente no dever de sustento, tem sido o motivo de desentendimentos, e até mesmo o motivo para o divórcio de muitos casais.

Além disso, os efeitos da ausência de uma paternidade consciente são perceptíveis na sociedade. Pode causar um desconforto ouvir isso, mas existem muitos filhos "órfãos" de seus pais, estando eles vivos.

A família sempre foi e continuará sendo o núcleo da sociedade, e quando a família se mostra desestruturada contribui para uma sociedade falida, com valores distorcidos.

Cada integrante possui um papel importantíssimo na construção de uma família unida, estruturada, e o pai precisa exercer seu papel, não somente de provedor, mas de amigo, de conselheiro, de educador, se mostrando presente na vida do filho, independentemente do seu estado civil, se solteiro, casado ou divorciado.

Você já deve ter ouvido que os filhos são os espelhos dos pais. Portanto, se um filho tem a oportunidade de crescer e se desenvolver contando com o apoio material, afetivo, emocional de seu pai, a tendência é que ele se torne um pai que apoia seu filho em todos os aspectos necessários para que ele tenha um bom desenvolvimento, se transformando em um ser humano melhor, contribuindo assim para o nascimento e para a manutenção de um círculo de amor, dentro daquele sistema familiar.

Mas o que será que determina o posicionamento/comportamento de um pai em relação ao exercício da paternidade? Seriam as suas crenças? A forma como ele foi criado determinará o modo que ele irá criar seu filho? Seria o ambiente? Ele precisa ser acionado a ter uma participação maior na vida do filho? Seriam suas capacidades e afiliação? Ou seria a identificação que ele tem com o filho, com a paternidade, e com que tipo de pai ele quer ser?

O exercício de uma paternidade participativa/consciente é de extrema importância no desenvolvimento da criança, trazendo inúmeros benefícios para a sua formação e desenvolvimento. Um filho que conta com o apoio do pai certamente terá a oportunidade de um desenvolvimento saudável e de bem-estar emocional.

Além disso, o exercício de paternidade consciente trará mudanças significativas ao pai, proporcionando autodesenvolvimento, crescimento pessoal, ampliação de consciência, permitindo uma vida com mais significado.

O primeiro passo para o exercício de uma paternidade consciente é sentir o que a paternidade significa para você.

- ✓ Como foi ver seu filho pela primeira vez?
- ✓ Como foi poder ouvir o choro dele?
- ✓ O que você sentiu, física e emocionalmente?
- ✓ E "o que passou pela sua cabeça"?

O segundo passo é decidir que tipo de pai você quer ser.

✓ Como você quer ser lembrado por seu filho?

✓ Quais os ensinamentos que você quer deixar ao seu filho?

Após a identificação do tipo de pai que você quer ser, e já tendo sentido o porquê de você pretender despertar para o exercício de uma paternidade consciente, os próximos passos demandam muita observação, reflexão e tomada de consciência.

De modo a contribuir com você que é pai ou pretende ser e quer exercer uma paternidade consciente, ativa, participativa, eu trago uma ferramenta denominada Pirâmide do Processo Evolutivo. O grande objetivo da ferramenta é você poder perceber o caminho a ser percorrido para atingimento deste grande objetivo.

A Pirâmide do Processo Evolutivo é uma ferramenta de desenvolvimento humano, criada por Robert Dilts, um dos grandes nomes da PNL (Programação Neurolinguística). A cada nível você terá uma descoberta, que lhe permitirá identificar, observar, refletir, agir e passar ao próximo nível, até que consiga exercer uma paternidade consciente, sentindo-se realizado no seu papel como pai.

Ambiente

Neste nível olhe ao seu redor, as pessoas com quem você convive, o próprio ambiente (a sua casa, os objetos...), e responda às seguintes perguntas:

Como é o seu ambiente familiar? Como é a sua casa? Como você se sente nesse ambiente? E como você gostaria de se sentir, tomando sempre como base o seu grande objetivo que é exercer uma paternidade consciente?

Em relação ao ambiente, procure estabelecer uma comunicação não-violenta com as pessoas com que você convive (mãe do seu filho, sogros, cunhados), expondo sempre suas necessidades e sentimentos quando for pedir algo, sem julgamentos/críticas/avaliações.

Perceba o quanto o ambiente interfere no exercício da paternidade. Identificar os fatores externos que o impedem de participar ativamente da vida do seu filho e fazer os ajustes necessários permitirá que você passe de nível, promovendo um ambiente familiar mais harmonioso e saudável.

Comportamentos

Neste nível procure observar o seu comportamento diante dos acontecimentos do dia a dia, e responda às seguintes perguntas:

Como você se comporta em relação ao seu filho? Você tem sido participativo na vida dele? Como você se autoavalia? O que você faz é congruente com o que você diz?

Lembre-se de que os filhos são espelhos do pai e o seu comportamento define como será o seu dia.

Por mais que a criança não guarde mágoas, todas as informações recebidas por ela são arquivadas no subconsciente, e, você querendo ou não, gostando ou não, podem ser repetidas por ela, mais cedo ou mais tarde.

Converse com seu filho, ouça-o, observe a sua fala, e perceba como o seu comportamento é importante na construção dos laços afetivos, emocionais, entre você e ele.

Capacidades e habilidades

Não existe uma fórmula para o exercício da paternidade consciente, mas quem quer se tornar um bom pai precisa buscar informações, pois os desafios são diários e intermináveis. Como se manter calmo com a malcriação de um filho, que grita, chora e se joga no chão? Como reagir quando ele não quer se alimentar? O que fazer quando ele briga com o irmão ou com um amigo?

Educar não é fácil, e ninguém disse que seria, e educar de um modo consciente, sendo amável, porém, sem perder a autoridade, é ainda mais difícil. Por isso é importante buscar informações externas e internas, identificando e potencializando nossas capacidades e habilidades. Para isso, responda às seguintes perguntas:

Para que eu possa exercer uma paternidade consciente, quais seriam as capacidades e habilidades que eu preciso ter?

Das capacidades e habilidades identificadas, quais eu tenho? Quais eu preciso desenvolver? E quais eu preciso potencializar?

As minhas capacidades e habilidades estão alinhadas com o meu grande objetivo?

Para facilitar a realização do exercício acima, pense nas capacidades e habilidades daqueles que você tem como referência de pai, pode ser seu pai, um tio, um avô, um irmão. O mais importante é que você possa fazer as identificações necessárias, se observando, se conhecendo no papel de pai.

Crenças e valores

O primeiro passo para atingir um objetivo é acreditar que pode atingi-lo. Se você quer ser um pai consciente, ativo, participativo, amável, amado, antes de mais nada, é preciso que você acredite que assim pode ser, e se indague:

Você acredita que pode ser um bom pai?

Em uma escala de 0 a 10, o quanto você acredita nisso?

Em uma escala de 0 a 10, o quanto ser um bom pai é importante para você?

Para que seu objetivo se torne possível de ser atingido, é necessário que você perceba que pode gerar os seus próprios resultados e que nada que tenha acontecido com você antes de você se tornar pai pode atrapalhar no exercício de uma paternidade consciente. Se você encontrar dificuldades neste nível, pense que uma nova oportunidade está sendo gerada neste exato momento, e que você pode fazer diferente, pode ser um pai diferente, utilizando ou não as referências que você tem, seguindo, acima de tudo, aquilo que você acredita ser importante.

Identidade

Ser um bom pai certamente é um bom exemplo. É inegável que o exercício de uma paternidade consciente traz muito mais benefícios para o pai e também para o filho. Agora, o quanto ser um bom pai é importante para mim? Talvez, eu me sinta à vontade da forma como eu venho exercendo a paternidade e não enxergue nenhuma necessidade de mudança, e não há nada de errado nisto. Daí a importância de nos questionarmos, respondendo à seguinte pergunta:

Em uma escala de 0 a 10 o quanto você está comprometido em ser um bom pai?

Entender que você é um ser único, reconhecendo a importância do seu papel como pai, e que ninguém poderá exercer tal cargo como você pode exercer, lhe permite ter uma visão mais clara de quem você é e de que tipo de pessoa, de pai você quer ser.

Afiliação

Participar da reunião da(o) minha(meu) filha(o) ou ir jogar futebol em uma quarta-feira à noite? Não existe certo ou errado na resposta. Provavelmente muitos conhecidos, e até mesmo muitos de nossos amigos, optariam por ir jogar futebol, deixando de tomar conhecimento de informações importantes sobre a(o) sua(seu) filha(o). A questão mais importante aqui a se discutir é: até que ponto as nossas decisões, comportamentos, atitudes são influenciadas por aqueles que nos rodeiam?

Estar cercado de pais que prestigiam, priorizam seus filhos, conscientes da importância de serem ativos, participativos na vida dos mesmos, permite o fortalecimento daquilo que acreditamos. Agora, que tal verificarmos esta situação, respondendo às seguintes questões:

Os grupos de que faço parte me levam para a conquista do meu objetivo?

Eu me vejo pertencente a esses grupos?

Eu consigo ser um pai consciente quando estou na presença dessas pessoas?

Legado

Para caminharmos de um modo mais seguro e certo é preciso que visualizemos aqui o que queremos alcançar. É preciso também sentirmos aquilo que será conquistado, e quais as sementes que deixaremos com a nossa conquista. Para que não restem dúvidas do objetivo maior do nosso aprendizado, proponho um exercício simples, mas profundo.

Complete a frase:

O maior legado que um pai pode deixar para seu filho é...

Eu quero ser lembrado como o pai que...

Eu quero deixar para o(s) meu(s) filho(s)...

Você já deve ter ouvido que a vida é feita de escolhas, e realmente é. Você escolhe dedicar-se mais ao trabalho, pensando estar fazendo o melhor para os filhos, e esta é uma escolha.

Ou você escolhe trabalhar um pouco menos para ter mais tempo com seus filhos, e pode ser que assim você ganhe menos, e esta também será uma escolha.

Não existe certo ou errado. Melhor ou pior. O mais importante é você ter consciência das suas escolhas e daquilo que você irá colher com o que está plantando.

Acredito que através do exercício de uma paternidade consciente podemos ser muito mais do que genitores, e sim pais-amigos, pais-campeões, pais-príncipes, pais-heróis, não nos limitando a alimentar e educar nossos filhos, mas formando seres humanos melhores, autorresponsáveis por suas vitórias e derrotas, seres humanos capazes de gerar uma transformação em si mesmos e também em outras pessoas, seres humanos que crescerão cientes da sua importância e da sua missão, e que conseguirão transmitir aos seus filhos esta nova percepção, de que o mundo só muda mudando primeiro a si mesmo.

Consequência disto serão certamente laços familiares mais fortalecidos.

O pai consciente é capaz de impactar o mundo. Ele muda a si mesmo, transforma-se em uma pessoa melhor, um profissional melhor, pois tem sua visão de mundo ampliada, sabe da importância de se comunicar melhor com todos e com tudo aquilo que o cerca, busca informações sobre tudo aquilo que não sabe, se aprofunda naquilo que já sabe, mergulha em suas crenças e valores, buscando sempre a melhor pergunta para obter a melhor resposta, está identificado com o seu papel de pai, e assim atrai pais com o mesmo objetivo, e, acima de tudo, tem consciência do legado que está construindo.

Ao assumir o papel de pai consciente os filhos agradecem, pois terão referência. As mães agradecem, pois terão com quem compartilhar os desafios da criação. A sociedade agradece, pelo surgimento de seres humanos mais conscientes, e a vida com certeza se tornará mais interessante, cumprindo assim uma "promessa" que ela nos fez, quando trouxe para nós nossos filhos, riqueza que dinheiro nenhum pode comprar.

Perguntas para despertar:

Responda às questões apresentadas no decorrer do texto pelo autor Alexandre Pontual, com base nos níveis neurológicos, e tenha o seu Despertar Paterno.

Para assistir minha videoaula sobre este capítulo, acesse:
www.despertardomestre.com.br/livro-videos

3

Ângela Oya

Planejamento e organização

A base da alta performance

Ângela Yurie Tsutsumi Oya

Consultora em Gestão Empresarial com foco em otimização do uso de Recursos. Possui MBA Executivo em Liderança e Gestão Organizacional – Franklin Covey Business School; especialização em Engenharia de Produção – Universidade Federal do Amazonas; Professional & Self Coach – Instituto Brasileiro de Coaching (IBC); Leader Coach - Despertar do Mestre - Instituto Rosa Mestre. É bacharel em Turismo – Universidade Federal do Pará (UFPA).

Contato

(92) 98117-0630

E-mail: angela.tsutsumi@hotmail.com

Planejamento e organização

A base da alta performance

Descubra como se tornar uma pessoa mais planejada e organizada para aproveitar mais a sua vida

"O dia está na minha frente esperando para ser o que eu quiser. E aqui estou eu, o escultor que pode dar forma. Tudo depende só de mim."

(Charles Chaplin)

Mas, o que faço? Por onde começo?...
Tenho tantas coisas a fazer... Não tenho tempo...
Quem já não se deparou pensando assim? Normal! Nos dias de hoje, bombardeados de informações, podemos facilmente perder o foco.

Sou Angela Oya, trabalho com consultoria em Gestão Otimizada de Recursos. Vivenciei 20 anos de atividade em empresa multinacional, onde necessitava fazer a coordenação de vários fatores para que cada produto fosse lançado no momento certo, na qualidade especificada e com o custo adequado. Eram vários modelos simultaneamente. Tinha de três a quatro times, cada um com cinco ou seis modelos!! Imaginem!!

Equipe capacitada, mapeamento dos fatores críticos, análise dos problemas, inovação e criação de soluções foram primordiais.

E promover um evento envolvendo equipes de dez países?

Sem dúvida foi um grande desafio, mas tudo isso foi possível com a escolha certa da equipe, das pessoas que foram envolvidas, PLANEJAMENTO e acompanhamento.

Caros leitores, neste texto vou compartilhar como vocês podem mudar seu comportamento para ter uma vida mais organizada e criar um planejamento para obter grandes realizações. Vou usar como base as experiências e necessidades que tive no mundo corporativo que impactaram minha vida em diversas áreas.

Preparem-se porque vou passar para vocês algumas ideias e dicas sobre planejamento, organização e o quanto isso vai ajudar e melhorar a sua performance.

Eu mesma aqui para escrever este livro, quando recebi este convite, fiquei assim superencantada. Poxa, uma oportunidade de fazer parte de um livro, deixar um legado, contribuir para a melhoria das pessoas. Veja a importância de ter um livro!!

Porém eu levei dias, semanas para escrever os primeiros *drafts*, os primeiros rascunhos. Porque eu não estava tendo a visão completa, a visão do todo. Até que em um determinado momento eu me sentei e conversei com o Fernando, e consegui ter uma visão do começo, meio e fim.

Usei algumas técnicas de escrita como a própria "Jornada do Herói", para conseguir enxergar o todo. A partir do momento em que eu me sentei algumas horas planejando o que eu tinha de fazer, este livro, que estava levando semanas para sair, eu consegui escrever em poucas horas. Então perceba a importância do planejamento e organização em sua vida.

Muitas pessoas acham que estarão perdendo tempo ao se planejar, mas, muito ao contrário, estarão investindo em tempo com qualidade, porque a partir do planejamento você vai ter alta performance, vai conseguir render muito mais, e com isso estará ganhando tempo para você, ganhando tempo para a sua vida e ganhando tempo para a sua família.

Imagine, um dia que você passa oito, dez ou mais horas no trabalho, se sufocando de tarefa em tarefa, de repente você vê o seu dia, as suas atividades sendo resolvidas em poucas horas, a partir do planejamento.

Então, caro leitor, eu o convido a ler nas próximas páginas algumas ideias, algumas dicas, algumas estratégias para melhorar a sua performance para que você se torne **uma pessoa mais planejada e mais organizada**. Vem comigo nesta linda jornada!

Como tudo começou

Um dia um amigo, muito "nerd" por sinal, que admiro pela serenidade, maturidade, conhecimento e simplicidade, comentou:

— Tenho que adotar o que você faz!

— Como assim? O que faço que o Mestre gostou? – perguntei.

— Você faz a sua lista e vai seguindo e resolvendo sem esquecer etc. Achei legal!!

... Eu comecei a fazer a "lista de atividades" porque:

✓ Só havia sábado para resolver as pendências particulares;

✓ Muitas vezes, me esquecia de algumas atividades, o que gerava frustração, pois teria que esperar mais uma semana para resolver;

✓ Uma sensação horrível de atividades "a fazer", as pendências se acumulando;

✓ E também, de incompetência por não ter resolvido "a metade" do que programava resolver.

Como trabalhava numa fábrica de 2ª a 6ª, só dispunha de tempo para resolver os meus compromissos, de preferência, aos sábados. Sim, de preferência, pois algumas vezes era inevitável ser na semana, por exemplo o médico que não atendia aos sábados.

Se, por esquecimento ou algo assim, deixava de fazer alguma tarefa, isso me gerava uma sensação de frustração e ainda passava a semana com esta pendência na cabeça.

Bom, eu, como você, não gosto de me sentir frustrada e por isso busquei formas de solucionar esse problema, uma forma prática e simples que pudesse encaixar no dia a dia. Assim nasceu a minha lista de sábado, que virou a **"Lista do dia a dia"**.

No início, eu simplesmente listava as tarefas de sábado à medida que iam surgindo as necessidades ou me lembrava. Portanto a sequência das tarefas nem sempre era lógica. E eu perdia muito tempo em idas e vindas no trânsito, espera etc. Com o tempo, aprendi a programar as atividades numa sequência otimizada.

Assim, comecei a aprimorar a minha "Agenda diária", e otimizando o uso das minhas 24 horas.

Hoje tenho tempo para fazer exercícios físicos diariamente, trabalhar, me reunir para um cafezinho com as(os) amigas(os)!

Não acredito que esta seja a única receita para organizar e planejar de forma otimizada o seu dia, mas vale tentar!

Já pensou no porquê de não fazer a organização e planejamento das tarefas?

Quais são os principais motivos da "falta" de planejamento e organização?

✓ Falta tempo?... Tem trabalhado muito, vive muito ocupado e cansado e sem ânimo?

✓ Sensação de frustração, pois os problemas só se acumulam?

✓ Não consegue realizar seus sonhos?

✓ Não consegue planejar porque é muito complicado?!

✓ Sempre foi assim... E acaba conseguindo no final?

✓ Não consegue planejar porque há muitos fatores sobre os quais não tem controle?!

✓ (Pensamento) "Isso dá certo para quem tem dinheiro!"

✓ (Pensamento) "Quando tiver dinheiro, faço!"

✓ "Mas ainda não consigo comprar tal equipamento!!"

✓ Justificar o porquê de não fazer!

✓ Ao término de uma semana tem a sensação de que não conseguiu resolver nada? Ou quase nada que havia "programado"?

Já pensou no benefício de ter uma vida mais organizada e planejada? Algo que possibilite curtir mais seus dias, o tempo com amigos, filhos, etc.

Organizar e planejar pode significa melhor rendimento do tempo. E conseguir "ganhar" um tempo para fazer aquele tão sonhado lazer que vem postergando há tempos.

Para tanto, é importante **listar e identificar as suas prioridades** neste momento da vida.

Assim, dará o 1º passo para organizar as tarefas de maneira lógica e objetiva.

Conseguir visualizar as tarefas agendadas, no início principalmente, é primordial. Enfim, organizar, planejar, identificar as tarefas por prioridade, prazo e relevância, agendar e reagendar tarefas conforme a necessidade e sem conflitar com outras fará toda diferença para o conjunto da sua vida.

Então vamos lá, depois de dores e benefícios citados, lhe faço a seguinte pergunta:

Qual é o "seu problema" ou sonho exatamente? Ou quais são os seus sonhos?... Ou o que gostaria de organizar e planejar? Veja neste livro o texto sobre metas no capítulo do autor Luiz Cláudio.

Aprender a identificar as suas prioridades e a relevância desta ou outra tarefa será primordial para organizar e planejar.

Através de um roteiro básico, poderá começar a planejar, executar e acompanhar o resultado, e caso necessário reanalisar e redirecionar a sua agenda ou o projeto.

Assim você não será a Agenda de alguém!

Terá o controle da sua "Agenda" ou do seu "Projeto de Vida", se estes forem relevantes para você!

Aprender a ceder ou não, conforme a relevância do assunto.

Vou compartilhar com você duas sugestões de exercícios que me ajudam a realizar minhas atividades de curto e longo prazo com organização e planejamento:

Sugestão 1

Agenda do dia a dia (planejamento de curto prazo)

Nessa sugestão vou usar a essência da Tríade do Tempo, uma metodologia que você vai conhecer com mais detalhes neste livro, no texto do capítulo do autor Erick Pacheli.

Como realizar as atividades cotidianas e chegar ao final do dia com a sensação do dever cumprido:

1) Coletando informações

Primeiro passo é fazer um *brainstorm* listando todas as atividades que gostaria de realizar.

Identifique as atividades por **periodicidade/frequência** (diária, semanal, mensal...).

Identifique as atividades por **relevância**, sendo Importantes, Urgentes ou Circunstanciais.

Atividades como cuidar da saúde (médico, atividade física...), trabalho, família, social, desenvolvimento pessoal, redes sociais, passear no shopping, ler e-mails, assistir tv... (depende de cada um).

Estabeleça prazos e metas.

Identifique o local da realização da atividade para evitar o ir e vir e com isso perder tempo.

2) Montando uma agenda:

Vamos montar a agenda da semana/mês etc.

✓ Primeiramente vamos alocar as atividades/compromissos **importantes/urgentes**;

✓ Lembre-se de **estimar o tempo necessário** para a realização das atividades com alguma folga, e considerar o tempo de deslocamento. Esta estimativa melhora com o tempo.

✓ Pronto! Atividades/Compromissos Importantes já agendados, agora vamos alocar as Atividades menos importantes. Serão os eventos que poderão ser remanejados para eventual reprogramação da agenda.

✓ Não se esqueça de **incluir lazer**!

✓ É importante **distinguir a relevância** das Atividades/Compromissos através de cores.

✓ É interessante e importante considerar **a sequência lógica** das Atividades. Por exemplo: fazer exame laboratorial, deve estar em jejum, o laboratório abre às 6h, o trabalho começa às 7h. Então, é lógico estar no laboratório antes das 6 horas, a fim de garantir o atendimento nas primeiras vagas e rumar ao trabalho etc.

✓ Lembre-se de que as Atividades ou os Compromissos **podem mudar, necessitar de reagendamento**. Neste momento, sempre levar em consideração as premissas anteriores (relevância em relação a outros compromissos, tempo, periodicidade, local etc.).

■ Lembre-se de que imprevistos, obstáculos poderão surgir, em menor ou maior escala, e poderão requerer a redefinição da agenda, da programação. Busque quais outras soluções tem nesse caso. Busque sempre soluções! Não perca tempo com justificativas. Considere sempre a relevância do assunto.

Sugestão 2

Plano para realizar um sonho (a longo prazo)

Para conseguir realizar um sonho que necessita de um alto investimento ou uma grande mudança em sua vida é necessário muita organização e planejamento para que não se tenha perdas irreversíveis ou desistência no meio do caminho.

Para isso é fundamental saber fazer as perguntas certas e necessárias para construção do seu projeto. Vamos juntos nos próximos três passos:

Passo 1

Listando os sonhos, os projetos.

Primeiramente, vamos levantar quais são os seus sonhos! Liste todos, sem julgar.

Passo 2

Relevância

Listou? Maravilha!!! Então a próxima etapa é avaliar a Relevância de cada "sonho", "projeto".

Pontue de 1 a 10 cada item listado, considerando a seguinte pergunta:

"Se eu conseguir alcançar este sonho, ou realizar este projeto, o quanto me fará sentir-me realizado?" (sendo "1" não fará sentir-se realizado, "10" estará totalmente realizado).

Não poderá ter pontuação repetida.

Passo 3

Mapear o objetivo

Descrever (o que, o quanto, até quando e como) e levantar informações.

Nessa etapa você precisa detalhar bem o que deseja. Fazer perguntas certas para que na outra que for entrar em ação tudo já esteja organizado na sua mente através desse planejamento realizado.

Vou tomar a liberdade de mostrar um exemplo de uma pessoa que tenha como objetivo montar uma sala de atendimento médico.

Uma sala de atendimento em qualquer especialização demanda custo, de montagem e de funcionamento, além de qualificação, certo? Então vamos lá!

1) Você está habilitada/qualificada para tal atividade?

☐ Sim: OK

☐ Não:
- Vai estudar e se tornar habilitada?
    - Onde vai fazer o curso?
    - Quanto vai custar?
    - Quanto tempo vai levar?
- Ou vai contratar um profissional do ramo?
    - Conhece algum profissional que atenda às suas necessidades?
    - Quanto vai custar?

2) Você tem a sala, o local onde funcionará?

☐ Sim: OK

☐ Não:
- Qual é o tamanho necessário?
- Vai alugar?
- Emprestar ou comprar?
- Quanto vai custar?

3) Você precisará comprar algum equipamento? Quais equipamentos? Com quais especificações? Onde comprar? Quanto custará? Há facilidade de pagamento? Há verba para tal compra? Quais opções o mercado dispõe para financiar a compra?

4) Você já tem uma clientela? Como irá divulgar o serviço e aumentar sua carteira de clientes?

5) Qual é o diferencial do seu serviço em relação aos seus concorrentes?

6) Você precisará de um assistente? Quanto custará?

7) Qual a despesa mensal fixa da sala em funcionamento? (energia, internet, água, com pessoal, material de limpeza, papelaria...)

8) Qual a despesa por serviço? (despesas geradas para realizar o atendimento).

9) Qual é a estimativa da despesa mensal e quanto de faturamento você gostaria de ter?

10) Onde você está hoje e em que condições em relação a sua meta?

Como pode perceber, usar perguntas poderosas será fundamental para você fazer seu planejamento. Procure pensar em cada detalhe, visualizando seu projeto já em funcionamento e quais dúvidas ou desafios poderão surgir.

Sei que pode parecer trabalhoso responder a essas questões, mas tenha certeza que você estará investindo tempo para ter muito mais resultados lá na frente.

Para o planejamento e a organização de tarefas, de pequeno ou grande porte, é importante a definição clara de "O que quer?", "Até quando?" e todo planejamento segue um ciclo:

Identificação

\> estabelecimento das metas e prazos

\>> planejamento

\>>> organização

\>>>> execução e verificação do resultado

\>>>>> verificar se preciso corrigir ou manter

\>>>>>> consolidar a metodologia.

Através da repetição deste ciclo, cada um aprimora a eficácia e eficiência do planejamento.

Caro leitor, foi um prazer compartilhar estas informações com você. Convido-o agora a testar e ter a sua própria experiência para encontrar mais organização e plancjamento em sua vida pessoal e profissional. Sucesso!

Exercícios para despertar

✓ Pense na sua rotina semanal e aplique a primeira sugestão de planejamento apresentada no texto.

✓ Pense em um projeto a longo prazo e crie perguntas poderosas para definir seu planejamento.

Para assistir minha videoaula sobre este capítulo, acesse:

www.despertardomestre.com.br/livro-videos

4

Erick Pacheli

É tempo de cuidar do tempo

Gestão do tempo para plenitude na vida pessoal e profissional

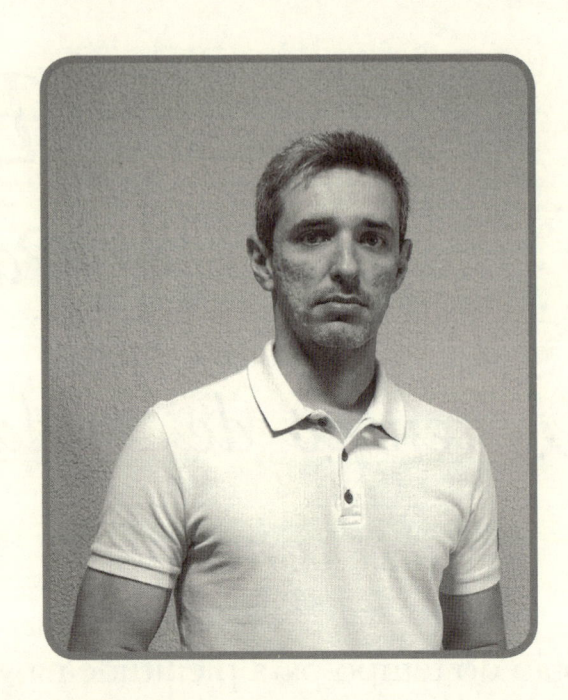

Erick Pacheli Pereira

Coach, consultor de negócios, *trainer*, empresário e líder em projetos.

Sócio de agência de comunicação e tecnologia. Mais de 15 anos de experiência nas áreas de gestão de projetos, gestão de equipes produtivas, marketing, comunicação, *design* e tecnologia da informação.

Como *coach* atua nas áreas de gestão efetiva do tempo, comunicação, vida profissional e liderança empresarial.

Como *trainer* realiza treinamentos e palestras nas áreas de comunicação, liderança, gestão do tempo com megaprodutividade, vendas, atendimento ao cliente e gestão de marketing.

Como consultor empresarial atua nas áreas de gestão de projetos e marketing.

Contato

erick@revelare.com.br

http://www.erickpacheli.com.br/

É tempo de cuidar do tempo

Gestão do tempo para plenitude na vida pessoal e profissional

A voz que nasce dentro de nós e ecoa para os nossos lares e nossas empresas tem sido a mesma frequentemente: "Já são 11h30 e eu ainda não fiz nada do que tinha para fazer hoje pela manhã! Não fiz nem 20% do que tinha de ter feito no dia de hoje! Meu dia tinha que ter 48 horas! Não consigo tempo para fazer o que gosto! Não tenho tempo para me exercitar! Preciso de mais tempo com minha família! Preciso de mais tempo para mim! Não consigo realizar meus objetivos! Estou na correria! Tenho tanta coisa para fazer!" O grande desafio contemporâneo é fazer mais e melhor no mesmo espaço de tempo tal como é cientificamente definido[1].

Talvez você diga ou pense em uma dessas expressões quase todos os dias e, neste caso, você não está exagerando. Pelo contrário, tais expressões são verdadeiras em grande parte dos nossos lares e empresas, nos causam angústia e dor interior devido à sensação

---

[1] O tempo tal como medido pelo relógio consiste em uma grandeza física estabelecida segundo coincidências espaciais e temporais entre determinados eventos. Assim, existem outras percepções de tempo que escampam às ciências exatas por se basearem predominantemente na percepção que as pessoas têm do tempo, afinal o que é percebido como uma eternidade para determinada pessoa em uma dada situação pode ser apenas um pequeno período de tempo para outra, indicando que essa percepção tem impactos diretos na gestão do tempo.

de frustração e impotência que se desenvolvem. Tudo isso acaba minando o entusiasmo necessário para alcançarmos os nossos objetivos e sonhos pessoais e profissionais.

Se estas palavras fazem sentido para você, se algo escrito até agora se encaixa em alguma área de sua vida, quero te convidar a continuar esta leitura num caminho de reflexão e mudança, pois eu, assim como você, sei muito bem como não é benéfico viver desta forma. Contudo, existem ferramentas que podem auxiliar na redução deste sofrimento, e aqui falarei de uma em específico: a gestão do tempo.

O meu encontro com a gestão do tempo aconteceu quando, cansado e sobrecarregado, me vi perdido em meio a uma vida repleta de atividades, trabalhando entre 16 e 18 horas por dia, todos os dias, e com um sentimento de que estava fazendo um monte de coisas e, ao mesmo tempo, coisa nenhuma.

Frustração e desânimo faziam parte dos meus sentimentos mais profundos, que emergiram em forma de estresse físico e mental, resultando em problemas de saúde sérios.

Este ponto foi a oportunidade que tive de perceber que estava vivendo a vida para a qual eu não nasci: uma vida sem sentido e sem paz.

Como eu já trabalhava com consultoria em empresas, percebi que todos os clientes de minha carteira naquela época, assim como seus funcionários, tinham algo em comum comigo. Estávamos vivendo um ciclo de sobrecarga de atividades em nossas vidas pessoal e profissional, além de experimentar uma sensação devastadora de impotência para mudá-lo.

Foi quando, inconformado com a situação em que me encontrava e na busca incessante pela mudança deste cenário, conheci o tema que mudou a minha vida: a gestão do tempo, por meio do livro *Tríade do Tempo*, de Christian Barbosa.

O conhecimento adquirido foi transformador em minha vida a ponto de não me satisfazer em tê-lo só para mim, tornando o compartilhamento desse conhecimento parte da minha missão de vida.

Nos últimos anos, nas centenas de consultorias que realizei, identifiquei que o alcance dos objetivos pessoais e profissionais que nos leva ao sentimento de plenitude de vida está intimamente relacionado à forma com que as pessoas compreendem, planejam e executam suas atividades, ou seja, a forma como fazem a gestão do tempo.

Nesse espaço de tempo, tenho me debruçado no aprofundamento do tema gestão do tempo e me dedicado a aplicá-lo nos projetos que desenvolvo em empresas através do Coaching e da consultoria, e num processo de aprendizado e construção de conhecimento tenho vivido a minha missão, vendo vidas serem transformadas com o apoio da gestão efetiva do tempo.

É tempo de saber viver

As nossas relações sociais se transformam no cotidiano cercado pela tecnologia, cujas inovações surgem a cada dia e acelera a nossa forma de viver e pensar o mundo.

Neste cenário em que a aceleração é constante, somos impulsionados a uma vida rotineira repleta de atividades que eliminam a possibilidade de termos a percepção das cores, cheiros e flores que gostaríamos de perceber pela caminhada da vida, mas que se encontra encoberta nas entrelinhas dessa rotina viciosa. Numa vida pautada nas atividades de acordar, fazer mil coisas e dormir para no outro dia repetir esse mesmo ciclo, a única coisa que se pode perceber é que a vida já passou.

Ao vivermos esta forma de vida nos tornamos seres nocivos para nós mesmos e também para todos, pois estamos participando da construção de uma sociedade vivente na síndrome de urgência[2], em que nada pode esperar, tudo é para ontem.

---

[2] Trata-se de uma patologia propriamente dita. Deixar a realização de atividades para a última hora causa uma descarga de adrenalina no organismo que altera a química do cérebro, causando sensação de euforia e dando mais energia para a realização das tarefas. Dessa maneira, a adrenalina funciona como um poderoso estimulante, o que indica que grande parte das pessoas que não são capazes de realizar uma gestão do tempo eficiente pode estar trocando a plenitude do viver por sensações prazerosas e momentâneas.

Essa rotina da urgência nos estimula a viver no automático, isto é, nossa vida se torna parecida com a vida útil de uma máquina automática em uma fábrica, que executa a função para a qual foi construída, produz algo, existe, mas não sente, não pensa, não reflete, não vive.

Nós não somos máquinas, mas ainda assim nessa comparação temos muito a perder, pois mesmo uma máquina em sua alta produção está cumprindo seu objetivo. Porém, como somos seres humanos complexos nas riquezas de nossos detalhes, ao vivermos no automático raramente estamos cumprindo os nossos objetivos ou muito menos sabendo ao certo o rumo que estamos destinando às nossas vidas. Neste caso, a máquina está em sua plenitude alcançando 100% do seu objetivo, e nós estamos longe da plenitude e felicidade.

Nessa lógica do viver no automático, não refletimos o suficiente para tomarmos decisões e agirmos de maneira consciente, e nesse sentido quanto menos pensamos mais decisões erradas tomamos.

Imagine você sendo o piloto do avião da sua vida e condições externas como o clima fazem o avião passar por turbulências. O que é possível fazer para que ele continue planando? Convém você se desesperar e agir no impulso ou refletir sobre as opções disponíveis e depois tomar a melhor decisão?

É neste ponto que a gestão do tempo atua, isto é, em fazer somente a coisa certa, da maneira certa e no tempo certo. Podemos dizer que fazer a gestão efetiva do tempo é saber viver.

Nesse sentido, o terceiro rei de Jerusalém, Salomão, já em 926 a.C. (antes de Cristo), nos escritos cristãos, denomina esse saber viver a vida de forma plena como sabedoria, expressando em seu livro que a sabedoria é a maior das riquezas e deve ser buscada continuamente, como uma pedra preciosa. A gestão do tempo também deve ser buscada continuamente como a sabedoria, pois a vida de cada um de nós passa por ciclos diferentes onde em um deles somos filhos e filhas, em outros podemos nos tornar pais e mães e nos demais, avós. Essa mudança de papéis também vale para a vida profissional, pois podemos ser operários em um momento, em outro ocupar um cargo de gerência e mais adiante sermos donos de um negócio.

A lição que devemos compreender dessa mobilidade de papéis é que para cada ciclo surgem novas situações, novos cenários, novas pessoas e conhecimentos, e o saber viver em cada um deles deve ser a primeira tarefa realizada.

A gestão do tempo se trata então de uma gestão não pontual, marcada por um início e um fim, mas sim de uma gestão ao longo do processo, ao longo da vida.

O meu objetivo neste capítulo é revelar a importância da reflexão da gestão do tempo. Cabe aqui compreendermos a chamada tríade do tempo, pois ela nos fornece indícios de como os estudiosos sobre o tema encaram o tempo.

É tempo da tríade do tempo

Grandes estudiosos sobre a gestão do tempo hoje compreendem que o tempo, o instante ou ainda a atividade que executamos em determinado tempo ou instante se classifica em três tipos: importante, urgente e circunstancial.

Importante é a atividade ou o tempo que traz resultado real, que agrega coisas boas para você e o desenvolve, melhora em qualquer área da sua vida, quer profissional, intelectual, financeira, familiar, física, emocional etc. Uma das maneiras de identificar uma atividade importante é saber que enquanto você a está desenvolvendo e depois que você a termina existe a sensação de que está fazendo a coisa certa, da forma certa e no momento certo, aquela sensação de que você deu um passo à frente rumo ao seu objetivo e não só "fez por fazer".

Quando se cuida bem do tempo, mesmo que uma atividade seja difícil ou dolorosa momentaneamente, você sente prazer em desenvolvê-la, pois tem a certeza de que ela é necessária e que o está levando rumo a seu objetivo.

Qualquer atividade que se enquadra nesta categoria, por mais simples que ela seja, é planejada, é previamente pensada, e se é planejada sempre você tem tempo para fazer, é uma atividade para o futuro, pode esperar uma hora, um mês e até um ano, nunca é para já ou já passou o tempo de ser feita.

O segundo tipo de atividade da tríade do tempo é a urgente, aquela que está atrasada ou que se não for feita no agora estará atrasada no momento seguinte. É a atividade que deverá ser executada na pressa ou por pressão, é obrigatório ser feita no agora.

Uma atividade que um dia foi importante pode se tornar urgente caso você a adie. Muitas pessoas passam a vida sem planejar cuidados com a saúde, viagens, visitas a amigos e aos pais. Pensam e sabem que é importante, mas acabam num ciclo de adiamento de atividades importantes e, quando se dão conta, sentem que é tarde demais, pois mesmo que consigam executar a atividade, geralmente as atividades urgentes não são executadas com a mesma qualidade que uma atividade importante.

Como resultado, uma pessoa que tem a maior parte de suas atividades do tipo urgente se sente sobrecarregada, irritada, preocupada, estressada e com cansaço mental.

Por fim, circunstancial é a atividade que não está ligada a um objetivo predefinido ou a nenhum planejamento, ou seja, não gera resultado nenhum e não lhe dá sensação de satisfação, pois ela foi criada pela aceitação de uma situação, condição, momento ou ambiente, imposto por uma circunstância, uma pessoa ou simplesmente por se deixar levar pelo acaso.

Também se pode dizer que este é um tempo tolo, imbecil, com pouco ou nenhum planejamento ou inteligência empenhada nele. Pessoas que vivem no automático geralmente têm a maior parte de suas atividades circunstanciais.

Estas são as atividades mais perigosas pois podem gerar arrependimento, insatisfação e angústia pela pessoa ter feito uma atividade improdutiva ou apenas para agradar alguém. Esses sentimentos são combustíveis para o sentimento de frustração, irritação, desmotivação, impotência e, consequentemente, tristeza em função da percepção de viver a vida, mas não sair do lugar.

Pessoas que têm a maior parte de suas atividades na tipologia circunstancial aceitam facilmente atividades que outras pessoas ou que as circunstâncias impõem. Quando planejam algo, aceitam mudar este planejamento prontamente, têm pouco foco, não têm definidos claramente os caminhos para alcançar os objetivos ou não têm objetivos definidos, e por isso se confundem e aceitam todas as atividades que parecem estar alinhadas ao seu objetivo.

Neste momento, você pode estar se perguntando: como posso identificar se uma atividade é importante ou não?

Pode parecer difícil ou complexo discernir, mas não é. De fato, é bastante prático.

Importante é tudo aquilo que está ligado à sua essência, à sua missão de vida ou ao seu objetivo de curto ou longo prazo.

As perguntas balizadoras para confirmar se uma atividade é realmente importante são:

✓ **Esta atividade está intimamente ligada ao meu objetivo?**

Vale ressaltar que intimamente ligado é diferente de próximo. A atividade não pode estar ao lado do objetivo, ela deve fazer parte do mesmo, ser um passo da caminhada rumo ao alcance do objetivo.

✓ **Faz parte de um planejamento meu?**

Neste ponto, cabe refletir se o planejamento é realmente seu ou se ele é o planejamento que está em pauta na sua vida naquele momento. Você pode ter planos para daqui quatro anos, por exemplo, porém eles podem não estar em pauta agora. Dessa forma, a atividade pode parecer boa, mas não é e não deve ser feita no agora, ou seja, é a atividade certa, mas no momento errado.

✓ **Ela é congruente com meus valores e minha essência?**

Esta pergunta tem o propósito de levá-lo à reflexão sobre se a atividade em questão está relacionada à sua missão de vida, aos seus princípios mais profundos, ou se você não está apenas sendo influenciado pela mídia ou por um contexto social para se sentir aceito.

Se o resultado da reflexão sobre as três questões tiver resposta positiva, esta atividade com certeza lhe trará resultado, satisfação e felicidade.

Faça essas perguntas para você mesmo. Tenho certeza que, ao direcionar a maior parte das suas ações para atividades que realmente são importantes, você terá qualidade de vida, alta performance e principalmente satisfação e orgulho de olhar para trás e saber que seu dia valeu a pena.

Teste da tríade do tempo

Para você identificar como está sua Tríade do Tempo, no link a seguir tem um teste prático e uma videoaula com mais informações que vão ajudá-lo a ter qualidade na gestão do tempo.

Acesse:

www.despertardomestre.com.br/livro-videos

Grande abraço.

5

Fábio Augusto

O despertar para o sucesso

Fábio Augusto de Arruda Cruz

Graduando em Gestão de Recursos Humanos – Faculdade Estácio. *Coach* com certificações internacionais pela Global Coaching Community (GCC), European Coaching Association (ECA), Brazilian Coaching Institute (IBC), International Association of Coaching (IAC) e Center for Advanced Coaching (CAC). Analista Comportamental e Analista 360º – Instituto Brasileiro de Coaching (IBC). Practitioner em Programação Neurolinguística – The Next Level Institute. Líder Coach – Despertar do Mestre (Instituto Rosa Mestre).

Contato

WhatsApp: (32) 98499-6858

E-mail: professionalcoach.fabio@gmail.com

O despertar para o sucesso

Você já viu ou ouviu aquela história que temos de continuar o legado da nossa família? Tem até aquela tradicional frase: "Filho de peixe, peixinho é".

Pois então, o que eu vou contar para vocês nas próximas páginas é sobre uma nova forma de ver essa mensagem, pois aprendi com meu grande mentor que:

Filho de peixe, tubarão poderá ser.

Só depende de ele querer!

Essa frase bate de frente com algo que vemos muito por aí nas empresas familiares, que é: Vô Rico, Pai Nobre, Filho Pobre.

Prepare-se que vou lhe mostrar como você pode continuar o legado da sua família, mas elevando-o para um outro patamar, um outro nível. Você pode ter seus pais como seus mentores, mas acredite, eles terão muito mais orgulho em um dia poder ver você sendo o mentor deles.

Eu sou Fábio Augusto, no momento em que estou escrevendo este livro, sou um jovem rapaz de 22 anos. Sou noivo, gerente do comércio da família, apaixonado por conhecimento. Estou concluindo minha formação em Gestão de Recursos Humanos e sou Master Coach. Considero-me um grande sonhador, e por muitas vezes me peguei sonhando sem um norte, assim como faz um menino. Mas aprendi a importância de você ter uma direção, saber aonde deseja ir e planejar como chegar. Vem comigo viajar nesta história de passado, presente e futuro. E vamos juntos conquistar o sucesso que todos nós merecemos.

Vou começar a contar nossa história pela época em que eu tinha dez anos de idade. Foi quando ganhei meu primeiro celular, um Motorola C115, lançado em 2004, lembro-me que foi um pedido de Natal meu e da minha irmã para os meus pais, porém o meu não durou muito tempo, aos 12 eu já estava pedindo outro para o meu pai, e logo ouvi a negativa, que sem dúvida chateou aquela criança. Mas depois veio uma mensagem que mudou a trajetória da minha vida. Meu pai disse que, se eu quisesse um celular novo, tinha que trabalhar com ele e minha mãe no comércio da família.

Poderia ter ficado bravo, me considerar novo para trabalhar e achar que pelo fato de eles serem empresários o preço de um aparelho novo não seria nada demais. Mas hoje vejo que o que meus pais me deram teve um valor muito maior que qualquer bem material. Deram-me a oportunidade de valorizar as nossas conquistas por merecimento e não por favorecimento.

Na época minha irmã Fabíola estava com 18 anos, já trabalhava desde os 14 e estudava. Eu queria ser como ela, ter o meu próprio dinheiro e ser independente para comprar o que desejasse. Com isso digo para você que eu amei a ideia. Após a conversa com meu pai logo recebi meu uniforme e com muito orgulho me tornei ajudante do padeiro.

Proprietários de uma padaria, meus pais têm apenas o ensino fundamental, vindo de família pobre, tiveram que largar os estudos para ajudar dentro de casa. E com experiência de 14 anos morando em São Paulo, passando por panificadora, lanchonete, restaurante, pizzaria e vários outros estabelecimentos do ramo de alimentação, meu pai apostou em montar uma padaria em 2002, já não queria mais ser empregado. Começou pequeno, em Barbacena, Minas Gerais, onde moramos até hoje. Com um pouco mais de 100 mil habitantes, a aposta era grande, bairro novo, a população ao redor crescendo, eles acreditavam que o desenvolvimento da empresa aconteceria com o tempo. E, sim, quando comecei a trabalhar já tínhamos cinco funcionários na empresa.

Desde então, quase tudo que eu comprava pra mim era fruto do meu esforço, das poucas horas que lá eu ficava quando não estava estudando. Logo aos 16 anos quando acabava de me formar no ensino médio já era considerado um dos padeiros, e tive a Carteira de Trabalho registrada.

Você deve ter ouvido esta pergunta quando criança: "O que você vai ser quando crescer?" Eu ouvi muitas vezes esse questionamento, e na maioria das vezes já vinha com a opção de resposta: "Vai fazer faculdade de Administração para cuidar melhor dos negócios ou você não quer ajudar seus pais?" Posso parecer irônico, mas eu sentia um pouco de pressão quando me faziam essa pergunta, porque eu pensava que não teria direito de escolha, que eu teria que seguir os passos dos meus pais e comandar a padaria junto com a minha irmã Fabíola.

Eu amava jogar futebol e no fundo eu tive o desejo, como todo garoto, de me tornar um atleta profissional, porém, nem sequer tentei. Quando me formei no 3º ano do ensino médio eu já tinha feito vários cursos na área da informática e para falar a verdade foi para adquirir conhecimento, porque nem era grande o interesse pela área.

Quando completei 18 anos tirei minha habilitação e com um pouco de dinheiro que tinha dei de entrada em um carro, resolvi então fazer um curso de gastronomia. Apaixonado por trabalhar na produção da padaria, sabia que lá eu me dedicaria ao máximo por já gostar do ramo, quando terminei o curso eu acreditava que poderia montar algo para mim também, pensava que, como meus pais só tinham o ensino fundamental e conseguiram erguer uma empresa, eu com ensino médio e um curso técnico ia arrebentar como empreendedor. E foi a partir daí que as coisas mudaram totalmente de direção, queria somente aperfeiçoar os meus conhecimentos com um ou outro curso e pensava que tudo daria certo. Foi então que pesquisando sobre um curso para desenvolvimento humano descobri o mundo do Coaching, e fui fazer a formação.

Saí de Barbacena rumo à capital Belo Horizonte na companhia do meu amigo Felipe Souza. Foi então que conheci Fernando Rosa Mestre, o treinador da turma, um dos grandes responsáveis pela mudança na minha vida, e por eu estar aqui hoje fazendo parte deste livro.

Durante a formação tive oportunidade de contar um pouco da minha história, e qual era o meu foco naquele momento. E dizia que queria me desenvolver melhor para que quando voltasse à minha cidade eu pudesse ter meu próprio negócio e continuar trabalhando com meus pais. E fui indagado várias vezes pelo Fernando e pelos colegas o porquê de eu não querer ter uma formação acadêmica, e eu dizia que não estava a fim de frequentar uma faculdade, que meus pais obtiveram sucesso sem precisar estudar, com apenas o diploma do ensino fundamental e que eu poderia ter mais sucesso por ter o ensino médio completo e alguns cursos.

E o que mais impressionava na turma era um jovem de 19 anos com tamanha responsabilidade, e querer sempre desde novo independência financeira, e muitos que eram mais velhos diziam "quem dera ter tido a mesma oportunidade de estar naquela idade em uma formação de Coaching", e que eu tinha um mundo pra expandir e que não poderia me fechar depois daquela formação, que eu precisava de uma vivência num ambiente acadêmico.

Foi aí que Fernando e alguns colegas me propuseram que no ano seguinte eu me inscreveria em uma universidade e faria uma formação acadêmica que eu teria de escolher. No começo eu não gostei muito da ideia, mas depois me vi como o Fernando, uma pessoa que faz o bem, e que eu tinha muito a partilhar e também poderia fazer o mesmo, dar o melhor de mim para as pessoas, e para isso eu precisava adquirir conhecimento.

Assim sendo, me aprofundei no estudo sobre o comportamento humano, e busquei me conhecer mais, e o que eu poderia fazer que agregasse nos planos de me tornar uma pessoa melhor a cada dia e entregar a minha melhor versão, e então tive a ideia de fazer Gestão de Recursos Humanos.

Fiz um vestibular no final do ano e tive um ótimo resultado, me inscrevi na faculdade e tirei foto da matrícula como prometido e enviei a um grupo de WhatsApp que formamos na turma. Naquele momento eu pude perceber o poder que o Coaching teve na minha vida, todos comemoravam comigo a minha inscrição na universidade. E olha, é com muito prazer que eu digo que foi a melhor escolha me tornar um aluno novamente, comecei a me apaixonar por cada disciplina, e percebi que todos estavam certos.

A felicidade era grande, resolvi compartilhar com o Fernando e contar a ele como estava me sentindo fazendo uma formação acadêmica. Lembro-me como se fosse hoje que eu disse a ele que estava apaixonado por conhecimentos, e queria muito mais, que logo após aquela formação eu poderia fazer outra, e ele ficou muito feliz, disse que eu tinha uma grande história pela frente e que era só o começo.

Atuando como *coach*, resolvi me atualizar, fui fazer uma formação de Business em São Paulo, lá eu combinei de me encontrar com o Fernando, e falar sobre o Despertar do Mestre, no qual eu tinha um grande interesse de participar e levar também para Barbacena. Lá então surgiu uma grande parceria entre nós, começamos a combinar tudo para levar a o Despertar do Mestre para Barbacena e organizar uma grande turma.

Para muitas pessoas o Coaching ainda é desconhecido, e trazer o Despertar do Mestre para minha cidade era um grande desafio, levando em conta o momento que o país enfrenta, a população, além de não conhecer o que é a metodologia e como é o treinamento, não iria se arriscar a investir em algo diferente e novo.

Entrei em contato com várias pessoas do meu relacionamento diário e apresentei o projeto, e infelizmente, depois de tantas investidas, não obtivemos sucesso, apenas algumas pessoas me deram credibilidade e aceitaram participar, diante disso cancelamos aquela turma. Mas não desistimos, eu e o Fernando conversamos e resolvemos fazer a primeira turma em Belo Horizonte, para onde eu levaria algumas pessoas de Barbacena e ele entraria em contato com alguns amigos e ex-alunos para formar a turma.

Dessa vez tudo se encaixou e conseguimos realizar a primeira turma em Belo Horizonte, levei meus pais, meu padrinho e o sócio do meu pai de outra empresa dele, e tudo aquilo que tinha acontecido comigo na formação que tinha feito com Fernando aconteceu com meus pais no treinamento, eles despertaram.

Aquele casal que tinha apenas o Ensino Fundamental se encantou com o mundo do Coaching, e com o mundo do conhecimento, e voltaram para casa com fome de aprender muito mais.

Empolgados, meu pai e o sócio compartilharam com vários amigos empresários sobre o treinamento, e começaram a acreditar que poderíamos trazer o curso para Barbacena. Eu achei difícil a ideia deles, pois eu já tinha tido uma experiência negativa antes, mas eles levaram a sério e foram aos poucos falando com pessoas do seu convívio sobre o curso. Foi aí que comecei a questionar, porque eu, um rapaz novo, considerado por vários com um futuro promissor, não conseguia a atenção daquelas pessoas? Mas meu pai e seu sócio com alguns argumentos conseguiram os participantes para o curso.

Diante disso comecei a entender que credibilidade é poder, eu poderia ter várias formações em qualquer canto do mundo, mas nada valeria se não tivesse credibilidade e reconhecimento pelo trabalho e resultado que entrego.

E foi incrível trazer o Despertar do Mestre para Barbacena, amigos, empresários e familiares que participaram saíram do curso totalmente renovados, e o que eu recebi de gratidão foi tanto que valeu a pena cada esforço feito para conseguir montar a turma. E eu posso afirmar com veracidade que foi só o começo, pude perceber que é uma cidade que tem muito a crescer, independentemente de política, eu quero deixar o meu legado, ter feito algo para o povo barbacenense.

Aprendi que só se faz o caminho caminhando e ter a formação de Master Coach não me faz uma pessoa melhor que as outras, pois me torno Master Coach a cada atendimento, a cada novo aprendizado. E o mais importante nisso tudo é que não deixei de viver a minha idade, não ultrapassei etapas, apenas estou fazendo diferente, de forma que minha missão se torne um exemplo para várias outras pessoas, e acredito que você também pode fazer diferença e já faz na vida de alguém.

Tenho consciência também de que jamais vou saber tudo, o mundo vai estar sempre em constante mudança e preciso me atualizar sempre. **O sucesso não vem até você, é você que vai até o sucesso**, e a história que você vai contar amanhã depende do que você escolhe fazer hoje. Escolhas, são várias que o mundo nos oferece, e o legado que você vai deixar será influenciado pelo caminho que você escolher percorrer, e eu lhe pergunto qual caminho é esse?

Digo que esse foi o meu Despertar para o Sucesso, felizmente veio ainda enquanto sou jovem, mas digo para você, caro leitor, que nunca é tarde para começar a buscar mais conhecimento.

Hoje olho para trás e vejo quem eu era, olho para frente e posso imaginar quem serei, olho para o momento presente e tenho orgulho por ser quem eu sou. Não sou perfeito, não conquistei tudo que desejo, mas sei que estou caminhando o meu caminho. Construindo minha família, ajudando muitas pessoas, honrando a história da minha família.

Aprendi no Coaching que tudo que planejamos como metas precisa ter evidências para validar que está na direção certa. Para fechar este capítulo, compartilho com vocês que hoje a minha maior evidência é o reconhecimento dos meus pais, que me olham não apenas como um filho, mas também como um mentor que levou uma nova visão de mundo para eles. E até me emociono em dizer que essa evolução que tive foi construída inicialmente por eles. Acho que nem imaginavam o quanto aquele simples desejo por um celular ia me proporcionar uma grande lição para a vida, graças à forma como eles conduziram a situação.

Então eu incentivo você a aproveitar três aprendizados essenciais neste capítulo:

1) Conhecimento nunca é demais, busque aprender sempre, faça cursos, leia livros, tenha mentores para se espelhar;

2) Conquiste seus objetivos pelo seu esforço e merecimento, o mundo está cansado de pessoas que só crescem por favorecimento.

3) Construa um legado maior ou igual ao dos seus pais, tenha certeza que eles terão muito orgulho de você. Se você é pai, prepare seu filho para dar voos mais altos que o seu. Você e ele merecem.

Agradeço a Deus por tudo que sou e tudo que tenho, pela minha família, amigos, trabalho, minha inteligência, pela oportunidade de fazer parte desta obra em parceria com meu grande mentor Fernando Rosa Mestre. Agradeço por ele ter feito a diferença na minha vida e das pessoas que me rodeiam.

Agradeço a você por ter lido o meu capítulo até o fim. Deixar esta mensagem nestas páginas, junto com outros grandes profissionais, me traz a certeza que estou contribuindo com outras vidas. Pense em um amigo, um familiar, alguém que você sente que está acomodado, querendo ficar dependente do acaso e parado com o autodesenvolvimento e indique essa minha história, tenho certeza que juntos vamos tirar pessoas da inércia e colocá-las em ação para ter mais realização.

Agora convido-o a responder às perguntas a seguir para validar alguns aprendizados que compartilhamos aqui.

Perguntas para despertar

Com base nesses aprendizados, responda às seguintes perguntas:

1) Nos últimos anos o quanto você tem buscado conhecimento para se desenvolver?

2) Reflita sobre as conquistas que teve em sua vida, e diga se foram mais por esforço e merecimento, ou somente favorecimento.

3) O que você tem deixado de legado até hoje que orgulha os seus pais?

Para assistir minha videoaula sobre este capítulo, acesse:

www.despertardomestre.com.br/livro-videos

Forte abraço!

6

Felipe José

Comunicação para líderes na era pós-digital

Felipe José de Souza

Advogado, *coach* e empreendedor; bacharel em Direito — Universidade Federal de Ouro Preto (Ufop); pós-graduado em Gestão de Pessoas com Coaching — Instituto Brasileiro de Coaching (IBC); *coach* com certificações internacionais pela Global Coaching Community (GCC), European Coaching Association (ECA), Brazilian Coaching Institute (IBC), International Association of Coaching (IAC) e Center for Advanced Coaching (CAC). Analista Comportamental e Analista 360º — Instituto Brasileiro de Coaching. Practitioner em Programação Neurolinguística — Micci Criativa Institute.

Contato

E-mail: felipejosedesouza@yahoo.com.br

https://www.linkedin.com/in/felipejosedesouza

Comunicação para líderes na era pós-digital

Caro leitor, este capítulo tem por objetivo discutir como a força do hábito e a Programação Neurolinguística (PNL) podem se tornar uma estratégia de comunicação eficaz para os líderes na Era Pós-Digital.

Os estudos levaram ao entendimento de que os líderes podem tornar sua comunicação ainda mais eficaz se souberem: reconhecer o mapa mental de seu interlocutor e interagir a partir dele; interpretar a linguagem verbal e não verbal daquele com quem se comunica; e identificar o sistema representacional de seus liderados. Dessa forma, poderão influir na rotina de seus colaboradores levando-os à melhoria da performance.

A humanidade está adentrando a Era Pós-Digital, em que a tecnologia já não é algo que nos surpreende mais como antigamente e faz parte do dia a dia nas mais variadas tarefas. Somos cada vez mais estimulados pelas informações que nos chegam, e o tempo parece ser cada vez mais curto para lidarmos com as obrigações com as quais nos comprometemos.

Devido à facilidade com que a tecnologia nos permite comunicarmo-nos uns com os outros, seja através de e-mails, notícias, redes sociais, ligações telefônicas, pode parecer que saber se comunicar olho no olho, de uma forma eficiente, é uma habilidade cada vez menos necessária, porque cada vez menos as pessoas priorizam esse tipo de contato humano. Porém, isso é um grande engano.

De alguma forma, a interação humana, o compartilhamento de ideias e o diálogo entre campos de conhecimento tão diferentes se apresentam como sendo cruciais para que boas ideias aflorem, assim como ambientes que estimulam esse tipo de contato entre as pessoas tendem a serem os lugares onde as melhores ideias nascem.

Ao se analisar a realidade em que vivemos hoje, repara-se que, devido às infinitas possibilidades que a tecnologia oferece, a sociedade se compõe de indivíduos cada vez mais heterogêneos, com conhecimentos, crenças e valores dos mais variados, o que gera um desafio maior na hora de as pessoas se comunicarem e se fazerem entender, ao mesmo tempo em que os desafios da Era Pós-Digital necessitam da máxima cooperação entre indivíduos para que boas soluções possam ser apresentadas.

Dessa forma, saber se comunicar de uma forma eficiente com as pessoas é um requisito fundamental para que esta cooperação gere os frutos necessários para guiar a sociedade para o futuro de prosperidade. Assim, compreender como as ferramentas da PNL podem ser utilizadas e como os nossos hábitos funcionam gera um autoconhecimento e um conhecimento das pessoas a nossa volta muito mais profundo, e se tornam poderosas aliadas para a melhoria da forma como as pessoas se comunicam umas com as outras.

Programação neurolinguística

A Programação Neurolinguística é um modelo de comunicação e condutas humanas desenvolvido por Richard Bandler, na época um estudante de Psicologia, e John Grinder, um professor de Linguística, no início dos anos 70, quando iniciaram seus estudos na Universidade de Santa Cruz, Califórnia.

A premissa básica que deu origem aos estudos dos criadores da PNL foi o fato de que eles estavam intrigados de o porquê alguns terapeutas famosos de seu tempo, como Virgínia Satir, Milton Erikson e Fritz Perls, conseguirem resultados extraordinários com seus pacientes enquanto outros terapeutas, na mesma situação, não atingiam tais resultados.

Certos de que os primeiros não possuíam nenhuma característica, dom, ou sopro divino que os distinguisse dos demais, eles partiram para uma análise empírica de como eram os padrões de pensamento e comportamento desses terapeutas, internos e externos, enquanto eles atendiam seus pacientes.

Ao estudarem esses terapeutas, Bandler e Grinder começaram a modelar a linguagem corporal (não verbal) e a linguagem falada (verbal) dos mesmos, e assim começaram a desenvolver as primeiras técnicas e ferramentas que deram origem à PNL.

E por que Programação Neurolinguística? Bandler e Grinder (1982) constataram que nosso sistema nervoso recebe e processa todos os estímulos aos quais somos submetidos através dos nossos cinco sentidos, visão, audição, tato, olfato e paladar, e daí vem o termo **Neuro.**

Linguística porque depois de processada pelo sistema neurológico essa experiência é codificada por um sistema de comunicação verbal e não verbal e recebe um significado. **Programação** porque a proposta deles é, através das ferramentas da PNL, ter a habilidade de organizar a comunicação e o sistema neurológico para conquistar objetivos e resultados desejados específicos.

Assim, a PNL se torna uma poderosa ferramenta de autoconhecimento e uma excelente forma de se conhecer as pessoas a nossa volta, requisitos indispensáveis se você deseja se comunicar de forma eficiente consigo mesmo e com outros indivíduos.

Consciente (racional) x inconsciente (emocional) e a ciência dos hábitos

Por uma questão de sobrevivência, o cérebro foi evoluindo e se adaptando de uma forma a não poluir o pensamento consciente com todas as informações que se recebe a cada momento, simplesmente porque o corpo humano não é capaz de lidar conscientemente com todos eles de uma só vez, e alguns simplesmente não são necessários para que se chegue vivo ao dia seguinte.

Grande parte das ações do indivíduo não é realizada pela mente consciente, mas, sim, pela inconsciente. Afirma-se hoje que, dentro de suas atividades diárias, a mente consciente seja responsável por apenas 5% dos pensamentos e ações, enquanto os outros 95% estão a cargo da mente inconsciente. É como um grande *iceberg* flutuando no oceano, onde a porção visível, fora d'água, é ínfima comparada àquela submersa.

No entanto, a maioria das pessoas hoje negligencia esses 95%, acreditando levar uma vida racional em que estão no controle de 100% de suas ações e pensamentos, e assumir isto como uma verdade absoluta pode trazer grandes problemas, porque este é o primeiro passo para se desenvolver e se apegar a hábitos ruins.

E o que é um hábito? Para Charles Duhigg, autor do livro *O Poder do Hábito* (2012), é um processo que ocorre dentro de nossos cérebros em um *loop* de três estágios, que ele denominou de deixa-rotina-recompensa.

Primeiro, um estímulo que é captado pelo nosso sistema nervoso dispara em nosso cérebro um gatilho, ordenando-lhe que entre em estado automático e indicando qual hábito ele deve ativar. Esse estímulo é a nossa *deixa*.

Em seguida vem a *rotina*, a forma automática como o cérebro se preparou para responder a essa deixa, que pode ser física, mental ou emocional.

Logo após vem a *recompensa*, que ajuda o cérebro a decidir se aquele *loop* formado vale a pena ser memorizado para ser usado no futuro. Assim, toda vez que aquela mesma deixa acontecer, sua mente consciente não precisará mais se ocupar com a decisão do que fazer, sentir e pensar, pois agora o seu inconsciente já sabe o que fazer e automaticamente dispara a mesma rotina, em busca da mesma recompensa. Está formado um hábito.

O grande problema que surge com os hábitos é que o cérebro não possui a capacidade de distinguir um hábito bom de um hábito ruim.

Como 95% das ações e pensamentos diários são definidos pelo inconsciente, e tendo a noção de como ele se utiliza dos hábitos para decidir o que fazer com os estímulos que o sujeito recebe, percebe-se agora onde se encontra o perigo de se prender ao racionalismo da mente e deixar de lado o inconsciente.

Na verdade, estará muitas vezes agindo e reagindo de uma forma que não seja a melhor para aquela ocasião, simplesmente porque seu cérebro já está habituado a responder sempre da mesma forma, em busca da mesma recompensa, e reforçando a clássica afirmação de que o ser humano não passa de uma criatura de hábitos.

Como a compreensão dos hábitos e as ferramentas da PNL auxiliam a comunicação interna e externa

Segundo Duhigg (2012), a partir do momento em que se toma consciência de como funciona o *loop* do hábito, pode-se então alterá-lo. O primeiro passo é acreditar que a mudança é possível.

Dessa forma, o autor estabelece que, dentro dos três estágios do *loop*, é a rotina que se deve atacar. Compreendendo quais são as deixas que disparam os hábitos e quais as recompensas buscadas pelo inconsciente, pode-se intervir conscientemente na segunda etapa do processo, alterando as rotinas, ou seja, a forma como se pensa, se sente e como se age para obter sucesso nessa mudança.

A PNL funciona como um conjunto de pontes sobre um rio que corta uma cidade, onde de um lado está a mente consciente e do outro a inconsciente.

O que se propõe é que através das ferramentas e conhecimentos da PNL os líderes sejam capazes de conectar esses dois lados, a fim de conhecer a si mesmos e as pessoas próximas de uma forma melhor e identificar hábitos que possam ser melhorados ou modificados.

Para tanto, um pressuposto essencial de se entender é que na Programação Neurolinguística *"o mapa não é o território"*. E o que isto significa?

Cada indivíduo, no conjunto de suas experiências e vivências com os fatos que se sucedem em sua vida, cria para si um mapa mental da realidade, do mundo que ele conhece. Cada pessoa possui seu próprio mapa, e o território seria o mundo dos fatos como eles são, sem nenhuma interpretação por parte de nenhum indivíduo. Assim, um mesmo fato que traz alegria para uns pode trazer tristeza para outros, uma mesma palavra pode ter representações diferentes para pessoas diferentes, e assim por diante.

Portanto, na comunicação, é essencial que o líder se comunique e se expresse através do mapa mental de seus liderados, e não do seu próprio.

Um segundo pressuposto muito útil que a PNL nos traz é acerca das linguagens verbal e não verbal.

Estudos demonstram que dentro da estrutura da comunicação as palavras são responsáveis por apenas 7% do conteúdo da mensagem que se deseja passar, 38% equivalem ao tom de voz usado, o volume, a velocidade da fala, qualquer modulação que seja feita na hora de se dizer algo. Os outros 55% dessa estrutura estão ocupados pela linguagem corporal, ou seja, tudo aquilo que não é verbalizado durante uma conversa.

É importante conhecer esta estrutura da comunicação uma vez que, enquanto as palavras propriamente ditas são registradas pelo nosso consciente, todo o resto que a envolve, os 93% restantes, são percebidos e armazenados pelo nosso inconsciente e, no entanto, são eles que farão a diferença entre uma boa e uma má comunicação. Portanto, saber usar o tom de voz correto, ter uma boa expressão corporal faz toda a diferença na hora de passar a mensagem desejada.

Colocar esses pressupostos em prática ao se comunicar com alguém é essencial para gerar aquilo que a PNL chama de *rapport*, que é a capacidade de entrar no mundo de alguém, fazê-lo sentir que você o entende e que vocês têm um forte laço em comum. É a capacidade de ir totalmente do seu mapa do mundo para o mapa do mundo dele. É a essência da comunicação bem-sucedida.

Observar e acompanhar a postura corporal, as expressões faciais, os movimentos das mãos e dos pés, o movimento dos olhos, deslocamento do peso, tom de voz e velocidade da fala e a respiração da pessoa são formas de entrar em *rapport* com ela.

Outra técnica da PNL que aprimora o processo de comunicação é a compreensão do sistema representacional da pessoa. Como dito anteriormente, a PNL parte da ideia de que o sujeito interage com o mundo através de cinco sentidos. Dessa forma, cada pessoa tem um sentido que é mais forte que o outro, que domina a forma como ela representa para si os estímulos internos e externos que recebe.

A PNL trabalha com três sistemas representacionais dominantes diferentes, quais sejam o visual, o auditivo e o cinestésico. A melhor forma de se compreender qual é o sistema representacional da pessoa é prestar atenção em quais palavras e frases ela usa para ilustrar aquilo que está pensando.

Pessoas visuais tendem a ser detalhistas e a perceber o ambiente em que estão inseridas, se distraindo facilmente com estímulos visuais, tendo como a melhor forma de aprender vendo as coisas, e em geral pensam em ritmo acelerado. Algumas frases comuns de pessoas visuais são: **vejo** o que você está querendo dizer; é preciso **enxergar** além do óbvio; eu não consigo me **ver** fazendo essa tarefa.

As pessoas auditivas são aquelas que percebem o mundo a sua

volta através do que elas ouvem e são capazes de criar todo um cenário por meio do que escutam. São pessoas organizadas que em geral precisam de informações detalhadas e passo a passo para aprenderem algo. Algumas frases comuns de pessoas auditivas são: existe um **ruído** na nossa relação; é **música** para os meus **ouvidos**; não dar **ouvidos**.

Finalmente, as pessoas cinestésicas são aquelas que sentem o mundo, percebendo as coisas através do corpo e da experimentação. Costumam gesticular e fazer muitos movimentos quando falam, se mostrando relaxadas e falando devagar. Aprendem melhor fazendo as coisas e recordando a sensação e a ação. Entre as frases normalmente usadas por pessoas cinestésicas estão: **sinto** nos ossos; gosto de **abraçar** causas que me **fazem bem**; você pode **sentir** o resultado dessa ação?

Saber identificar qual é o sistema representacional de uma pessoa é um grande facilitador na hora de se comunicar eficientemente, uma vez que se a pessoa com quem você se comunica for, por exemplo, auditiva, não adianta lhe mostrar um monte de coisas ou então colocá-la para fazer algo para que ela aprenda porque provavelmente não será tão eficiente.

O uso de palavras relacionadas ao sistema representacional da pessoa é também uma estratégia eficiente para o líder alcançar o *rapport* com seus liderados.

Conclusão

Eu, Felipe José de Souza, acredito que todos nós temos a responsabilidade de fazer da Terra um ótimo lugar de se viver. Sou apaixonado pelo universo em que vivemos, tecnologia, inovação e sustentabilidade.

Sonho em fazer algo que possa ajudar o mundo a ser melhor e participar desta obra, ter sua atenção até aqui, me faz sentir que estou no caminho certo.

Agora o convido a refletir sobre tudo que está lendo neste livro, absorver o conhecimento e, principalmente, aplicar na sua vida. Para que juntos possamos fazer a diferença na vida de muitas pessoas.

Perguntas para despertar

Com base nesses aprendizados, responda às três perguntas:

1) Se alguém lhe perguntasse o que é PNL, como você responderia?

2) O que mais tem impacto na comunicação: o tom de voz, a linguagem corporal ou as palavras que usamos?

3) Quais são os três estágios do processo de um hábito, segundo Charles Duhigg?

Para assistir a uma videoaula sobre este capítulo, acesse:

www.despertardomestre.com.br/livro-videos

Forte abraço.

7

Fernanda Baruta

O despertar de um casal

Construindo o amor incondicional em 7 passos

Fernanda Helena Cardoso Baruta

Psicanalista Clínica, palestrante e *coach*. Bacharelado em Ciências Econômicas – PUC Campinas; Psicanálise Clínica – Centro de Formação de Psicanálise Clínica; Professional & Self Coach - Instituto Brasileiro de Coach (IBC); Líder Coach – Despertar do Mestre (Instituto Rosa Mestre).

Contato:

fhelena.cardoso@bol.com.br

facebook.com/fernandahelenacardosobaruta.baruta

O despertar de um casal

Construindo o amor incondicional em 7 passos

Vivemos em uma sociedade que vem passando por tantas transformações sociais, econômicas, culturais, todas muito rápidas. São mudanças externas influenciando ou sendo influenciadas por nosso sistema interno, com efeito em uma linha de mão dupla para todos nós.

Quando as pessoas se transformam, automaticamente a relação entre elas também sofrem consequências, inclusive a instituição que chamamos de família (união de pessoas vivendo sob o mesmo teto).

Eu sou Fernanda Baruta, *coach* e psicanalista clínica, e neste capítulo quero compartilhar com você, caro leitor, uma experiência que reflete a evolução da família na sociedade, com base em muitos casos que vivi em consultório e principalmente na minha experiência pessoal, impactada com uma das teorias ensinadas no Despertar do Mestre.

A família tradicional, pai, mãe e filhos, trazia seus papéis muito bem definidos, antes destas inúmeras mudanças sociais e econômicas, o homem como provedor e a mulher a cuidadora, e os filhos entretidos com estudos e brincadeiras. Dessa forma, nessa estrutura o marido saía para trabalhar e sustentar a casa, sendo chamado de chefe da família, enquanto a mulher lava, passa, cozinha, limpa, cuida dos filhos e muitas vezes desempenhava um papel de submissão.

Podemos dizer que por volta de 1980 a família começou a sofrer alterações, em seu modelo estrutural, e atualmente as famílias se constituem entre:

— pai, mãe, sendo casados ou não, com filhos ou não;

— casais homoafetivos, com filhos ou não;

— avós/tios, criando seus netos/sobrinhos;

— pai ou mãe solteiros, criando seus filhos;

— e outros.

Essas mudanças também se deram no âmbito organizacional: quem sai para trabalhar? Quem é o provedor? Quem é o cuidador? E outros conflitos advindos dessa evolução.

Podemos dizer que por uma demanda interna e externa, partindo de tantas mudanças, o casal precisou cada vez mais caminhar junto, desempenhando os mesmos papéis e alguns se perdendo dentre essas funções.

Independentemente da estrutura a qual você escolheu para viver, podemos identificar que alguns relacionamentos estão vivenciando um conflito gigantesco, entre *self 1* (hemisfério esquerdo do cérebro, responsável pelo nosso sistema lógico, racional) e *self 2* (hemisfério direito do cérebro, responsável por nossas emoções). O lado racional preocupado em ter, em conquistar, começou a não conversar mais com as emoções, com o amor, que tem como base a compreensão, a humildade e a doação.

As cobranças externas de se ter um padrão socioeconômico maior do que sua base familiar, o sentimento de competição nos torna cada vez mais individualistas, sem o preparo para o convívio social ou, neste contexto, o familiar. Mas podemos afirmar que, se o indivíduo parar um pouco para olhar em seu interior sem as máscaras sociais, conseguirá se tornar uma pessoa inteira que pode vivenciar um amor incondicional que é:

O amor que faz o indivíduo doar-se sem esperar nada em troca, e se não espera logo não tem frustração, ampliando a chance de ter um relacionamento bem-sucedido dentro e fora do seio familiar.

Para podemos ilustrar esse tema, quero convidá-lo a refletir comigo sobre um caso real de uma mulher que foi em busca desse amor:

Imagine uma mulher nascida em uma família não tradicional, pois foi gerada por uma mãe que a assumiu sendo solteira, na década de 70, mas criada dentro de uma família composta por avós, duas tias e um tio.

Essa menina foi muito bem acolhida e amada, desenvolvendo todos os requisitos de um Édipo tendo modelo feminino e masculino, porém não vivenciando um relacionamento homem e mulher, até mesmo porque sua avó faleceu quando ainda tinha um ano.

Essa menina foi criada para ser uma mulher independente, financeiramente falando, mas não aprendeu sobre relacionamento a dois, embora soubesse sobre o amor, que era evidenciado nessa família.

Para ajudar no processo de Édipo, sua mãe teve um relacionamento durante sua infância e adolescência, que a fez deixar sua carreira profissional para se dedicar a esta relação, mas nunca moraram juntos. Após muitos anos esse relacionamento chegou ao fim.

Os familiares foram constituindo outras famílias, seu tio e sua tia mais nova se casaram, e seu avô teve o segundo matrimônio. Sua tia mais velha se formou, se tornou muito bem-sucedida, foi morar sozinha. Ficaram ela e sua mãe, constituindo esse lar.

A menina entendeu o recado, estudou, batalhou muito para conquistar sua faculdade, seu primeiro emprego em multinacional e futuramente ainda mudar de profissão, se realizando também como ser humano além de profissional.

Agora uma mulher independente que decide constituir uma família, mas como fazer?

. Família em um modelo tradicional, pai, mãe e filhos, sem muitos adereços, apenas morar juntos e depois se casar somente no civil. Este era o seu perfil, nunca teve sonhos de se casar de véu e grinalda, mas teve esta experiência.

No início a relação era tumultuada, sempre arrumava as malas para ir embora, mas nunca ia definitivamente. Vivia um conflito porque nunca tinha aprendido a lidar com o outro naquele sistema, com baixíssima resistência a frustrações, ela ainda seguia nessa relação, mas recalcando vários sentimentos, inclusive sentimentos desconhecidos.

Sempre tudo era ajustado, mas com sofrimento, às vezes o amor se confundia com conquista, realmente não sabia lidar com as diferenças entres os sexos dentro de um mesmo teto, e tem mais um agravante: era uma filha única, e como tal sempre recebeu toda a atenção dos familiares.

Foram muitas brigas, mas tiveram um dia muito importante, quando ele passou por cima de muitas barreiras para dizer que a amava e queria muito manter sua família unida.

Nesse momento ela percebeu que o que faltava era sim um alicerce para eles, pois muitas vezes quando ele não estava bem isso refletia no todo. Em seguida percebeu o quanto isso era recíproco, e ambos poderiam se ajudar realizando diversas conquistas estando juntos.

O quanto essa mulher se autossabotou com medos e aflições de se entregar a esse amor. Quando não nos permitimos vivenciar algo, o outro não consegue dar o que tem e vivemos em um círculo sem vivências de amor intenso.

Refletindo sobre este contexto podemos perceber algumas informações importantes:

- ✓ O casal não é feito para se completar no sentido de dependência, mas também não decidiu viver junto para estar separado. Se um respeitar o outro, chegarão muito mais longe juntos.

- ✓ Este casal precisa, dentro da evolução neurológica, saber qual é o objetivo dele junto sem perder os objetivos pessoais, desde que haja respeito um pelo outro.

Dentro do Despertar do Mestre, aprendemos como aplicar na relação familiar a teoria dos níveis neurológicos, originalmente desenvolvida por Robert Dilts, um dos grandes nomes da Programação Neurolinguística.

Saindo do que apreendemos para o que queremos viver realmente, lidando com os conflitos do consciente e inconsciente, razão e emoção e ainda sob uma estrutura que na Psicanálise chamamos de superego, cuja função é ser o juiz de nossas escolhas, baseado nos valores da sociedade familiar (original) e algumas vezes da religião.

Neste momento convido você a seguir os sete passos dessa pirâmide neurológica focada no relacionamento a dois:

Primeiramente precisamos estar dispostos a sair da zona de conforto e isso às vezes nos gera muito sofrimento. Esta será definida como nossa **LUZ**, nosso objetivo enquanto casal, descobrir exatamente o que buscamos.

A base necessária para sair do que já estamos acostumados consiste principalmente em apreendermos a compreender o outro em suas limitações e diferenças, ou seja, praticar o amar mesmo não aprovando determinadas atitudes.

No passo um na pirâmide, falamos de **AMBIENTE**. O lugar em que você mora, quando pensamos em uma família, precisa estar agradável para todos. Às vezes uma simples decisão, como escolher a cor da parede, pode não ser boa para o outro e influenciar em todas as emoções envolvidas naquela casa.

Importante a casa ser um lar, independentemente das pessoas que constituem essa família, todos precisam se sentir acolhidos, pertencentes. Quando falo aqui do amar mesmo não gostando nesta condição, é que às vezes precisamos negociar o que queremos e o ceder também faz parte desse bem-estar quando pensamos no todo.

E quanto ao segundo passo, o foco é o **COMPORTAMENTO**. Sabemos que nem sempre agradamos ou somos agradados. Logo, para podermos atingir nosso objetivo, que é mantermos o relacionamento, devemos aproveitar esta oportunidade de crescimento como indivíduo, olhando para a congruência de nossos valores e comportamentos, ou seja, será que estamos refletindo aquilo que temos como valores intrínsecos, transformando-os em ações?

No passo três falamos sobre **CAPACIDADE E HABILIDADE**. Em pensar que todo ser humano possui competência para viver qualquer situação, o que varia é o quanto se desenvolve para isso, ou seja, a sua habilidade. Se a pessoa quer viver com outra precisa saber mais sobre as suas responsabilidades para a relação dar certo e estar disposta a se enfrentar. Mais uma vez não é recalcar (oprimir seus desejos), sendo submissa ao outro, mas sim saber quais os seus limites para estar ali e principalmente saber que ninguém é perfeito, nem você nem o outro, e que podem aprender e ensinar muitas vezes na mesma proporção em setores diferentes da vida, basta estar aberto a se capacitar e aprender diariamente a lidar com a pessoa amada.

Agora, talvez, seja um passo bastante desafiador por se tratar de **CRENÇAS E VALORES**, e estes estão geralmente gravados em nosso inconsciente, ou seja, precisamos torná-los conscientes para depois podermos agir sobre eles.

Muitas vezes isso depende de uma ressignificação, e de mudanças comportamentais. Podemos dizer que por conta de nossas vivências negativas, o que chamamos em Psicanálise de RAMENS (Registro Automático de Memórias Emocionais Negativas), muitas vezes dizemos não aos nossos relacionamentos querendo dizer sim ou vice-versa, e podemos ir um pouco mais além, eventualmente deixando de entrar ou sair de uma relação porque acreditamos que de alguma forma não seremos capazes de ser bem-sucedidos ou até mesmo por medo dos julgamentos alheios.

Mais uma vez estamos diante da necessidade de nos enxergarmos por inteiro, vendo a nossa capacidade de superação, claro, nos respeitando acima de tudo. Permita-se ir além do que você imagina conseguir e perceba que poderá vivenciar histórias maravilhosas e assim ressignificar seus limites, se tornando cada vez mais positivo, tendo, ao invés de crenças limitadoras, novas crenças fortalecedoras.

IDENTIDADE: o quinto passo também é muito desafiador. Vamos pensar na etimologia da palavra, que o indivíduo é o próprio. Quando formamos uma família nos perdemos na palavra, ora assumimos a identidade do outro, ora queremos que o outro assuma nossa identidade.

Posso afirmar pela minha experiência profissional que é um dos principais motivos de separação. As pessoas se esquecem de manter seu lado individual sem o detrimento da relação. Para ir em busca de se manter na relação será preciso o equilíbrio entre o meu e o nosso.

O fundamental é a individualidade e não o individualismo, pois assim você poderá contribuir muito mais com a relação a dois.

Na **AFILIAÇÃO**, sexto passo, não tem jeito, se resolveram ter uma família, o convívio social irá mudar, o ser humano se aproxima de pessoas semelhantes porque os assuntos, os eventos são semelhantes.

O casal tende a se aproximar de casais e, quando tem filhos, geralmente são os pais dos amigos dos seus filhos que se tornaram seus amigos, logo, poucos serão seus amigos que vivem em outra estrutura que permaneceram ao seu lado.

Enfim o sétimo e último passo, o **LEGADO**, deixar algo para outra(s) pessoa(s). Aqui a reflexão vai além do simples fato de se morrer e deixar algo, mas sim o deixarmos registrado algo grandioso a cada dia no outro.

Esse outro pode ser o parceiro ou filhos, como eles o estão vendo hoje, qual foi a semente plantada e cultivada diariamente.

Pensando no parceiro, o tempo faz com que erroneamente deixemos de lado a conquista porque nos acostumamos, mas isso é pleno engano, devemos conquistar o outro todos os dias.

Pense o que você fez hoje para conquistar a pessoa que está a sua volta. Pense como se fosse a primeira vez que se encontraram.

Em um processo de maturação da relação, o ajuste desses sete passos vai se dando aos poucos. Às vezes aparecendo conflitos, sim, geralmente a pessoa da relação que tiver a alma feminina (*anima*) estará mais disposta a abrir mão do que a pessoa que possui a alma masculina (*animus*). Lembre-se de que estamos falando de alma e não de gênero.

Esse processo por vezes é muito desgastante e faz com que as relações acabem rapidamente, nem todos estão prontos a enfrentar frustrações e a mudar pelo outro. Não em um sentido de se machucar, mas sim no sentido de entender dentro de um limite que esse ajuste é necessário e se fará com carinho e amor, pois cada ser humano tem a sua história e o seu tempo.

Mais um aprendizado é como os quatro verbos da Roda da Abundância, ferramenta muito utilizada no Coaching, pode auxiliar para um melhor relacionamento familiar.

Primeiro verbo, declarar. Devemos **DECLARAR** a todos os cantos o que queremos – sabe aquele nosso objetivo preestabelecido na pirâmide neurológica, se você sabe exatamente o que quer para sua família, qual o seu papel, declare primeiramente a você e depois aos outros, não somente verbalmente, mas sim em todas as suas expressões.

MERECER é o segundo o verbo, e sabemos que às vezes, muito por conta daquelas crenças limitantes, nos consideramos não merecedores de sermos felizes em um relacionamento. É preciso manter-se muito atento por conta dos nossos impulsos inconscientes. Pense que é merecedor da felicidade, esta que está em sua evolução como pessoa através de seus aprendizados na convivência com o outro.

Agora poderemos seguir para o terceiro verbo, que é o **AGIR** segundo os seus objetivos. Todas as suas ações precisam ter uma finalidade, por isso a importância de pensar bem antes de qualquer atitude, pois uma ação equivocada pode ter reflexos em você e no outro de forma inadequada.

O último verbo é o **AGRADECER**. Seja grato pelas oportunidades de crescimento interno dadas pela vida, pelos seus convívios, humildemente falando, conseguindo compreender que a vida é como ela é, por isso o outro nem sempre vai corresponder as suas expectativas. Aliás, elas são suas, o outro não pode lhe oferecer o que não tem.

Ame mesmo não gostando de determinadas atitudes ou circunstâncias, entenda que o nível de consciência do outro é diferente do seu.

Em busca de uma realidade mais feliz com a constituição da sua família, aquela mulher citada como exemplo pode dizer que em alguns momentos da sua relação chegou a pensar em desistir, mas ela persistiu porque acreditava que poderia chegar ao seu objetivo final, a sua LUZ. A maior dificuldade encontrada foi realmente lidar com o outro, porque este era diferente, agia diferente, pensava diferente, mas ela muitas vezes em sua pretensão considerava ainda o seu jeito como o certo e inalterado, foi preciso chegar ao seu limite, para realmente estabelecer uma relação de humildade e sabedoria. Com todo o seu conhecimento, foi preciso estar no lugar certo, com as pessoas certas e no momento que posso chamar de certíssimo.

Estava passando por um processo no qual queria seguir sozinha, era muito mais cômodo para ela, até que conseguiu resgatar no olhar de seu parceiro que não conseguiria seguir sem ele, pois o objetivo era dos dois, a jornada seria dos dois.

Para isso foi necessário mudar o nosso ambiente, ampliar a nossa capacidade, ajustar nosso comportamento, ressignificar nossas histórias pessoais, resgatar a nossa identidade, permitir novas afiliações e se desfazer de outras, para enfim construir o nosso e o seu legado.

Legado esse que hoje conta com mais três participantes, meus filhos, os quais podem ser nomeados com veemência:

- ✓ Giovana – conquista (conquistei minha família)
- ✓ Rodrigo – vitória (foi a resposta que deu certo)
- ✓ Alice – reconciliação (após os aprendizados, temos a oportunidade de recomeçar muito mais fortalecidos).

Se você estiver com muita dificuldade de construir ou manter sua família tenha como base o **amor incondicional** e busque se conhecer internamente, enfrentar seus impulsos desagradáveis, suas tendências e crenças... vá e busque... permita-se enfrentar e seja feliz!.

Perguntas para despertar:

1) Você declara para sua família seus objetivos?

2) Você tem feito por merecer a felicidade em sua vida?

3) Suas ações são congruentes com seus valores familiares?

4) O quanto você tem agradecido às pessoas a sua volta?

Para assistir minha videoaula sobre este capítulo, acesse:

www.despertardomestre.com.br/livro-videos

8

Fernanda Teles

Corpo e Mente

10 dicas para ressignificar sua jornada

Fernanda Teles

Bacharel em Administração, Escrituração Contábil - Centro de Ensino Superior de Catalão (Cesuc); pós-graduação *lato sensu* em Educação Profissional (Senac); Leader Coach - Despertar do Mestre (Instituto Rosa Mestre); parceira do Instituto Rosa Mestre em Catalão/GO.

Contato:

(64) 98115-9503

fftevangelista@gmail.com

www.rosamestre.com.br

Corpo e Mente

10 dicas para ressignificar sua jornada

Você olha para frente e não encontra respostas. Quando acorda para a vida, se vê dentro de uma sequência constante de hábitos inadequados que afetam seu corpo e sua mente. Olha para trás e percebe que só existe uma única pessoa responsável por todo esse resultado: Você!

Caro leitor, neste capítulo quero convidá-lo a fazer uma breve leitura da minha história, a qual acredito que, como a de diversas pessoas, teve muitos obstáculos e muitas vitórias.

Sou Fernanda Teles, natural de Goiânia/GO, casada com Marcelo Felipe, mãe de três filhos lindos, Fernando, Renata e Maria Eduarda, moro atualmente em Catalão/GO, sou formada em Administração de Empresa.

Força, coragem, determinação, fé e amor por tudo que faço foram as palavras-chaves para que aos 41 anos pudesse me tornar uma pessoa diferente e mais confiante. Ressignificando uma jornada que me levou ao fundo do poço, mas encontrei forças e apoio para virar esse jogo e encontrar o equilíbrio entre corpo e mente para ser uma pessoa mais feliz.

Em seu capítulo neste livro, a autora Jaflete Raquel fala sobre a importância de descobrir a sua verdadeira identidade: "Quem sou eu?". A partir do momento que consegui compreender essa questão, encontrei com mais segurança as respostas para todas as minhas dúvidas e incertezas, tanto na minha vida pessoal quanto na profissional. Essas descobertas são os motivos pelos quais pude tomar extraordinárias decisões, a encontrar o meu eu interior, e compreender a minha missão de vida.

Dentre essas descobertas estão o meu emagrecimento e a minha carreira profissional, que servirão de referência para que você compreenda como o equilíbrio entre o corpo e a mente pode gerar mudanças fantásticas em sua vida.

O primeiro passo foi bastante comemorado, por ter sido o sustentáculo para que hoje pudesse ser uma pessoa forte e capaz de conquistar meus sonhos.

Eu era uma pessoa muito triste, sem perspectiva de muitos sonhos, o meu corpo incomodava muito, com isso a insegurança, o descontrole, a baixa estima eram características de destaque em minha personalidade. Uma pessoa que não acreditava no seu verdadeiro valor, tudo era feito para agradar apenas às pessoas que estavam ao meu redor, deixando de lado o meu verdadeiro eu.

Retomando o meu passado posso relembrar quantas vezes consegui ficar magra, nos meus 15 anos e na separação de um relacionamento afetivo. Foram datas que me marcaram, a primeira porque tinha que estar bem bonita para ser apresentada à sociedade em um baile de debutantes e a segunda vez, queria mostrar a todos que eu era uma pessoa bonita fisicamente e que estaria pronta para reencontrar uma nova pessoa.

Nada disso adiantou porque engordei tudo de novo e isso me deixava mais frustrada. Sentia-me triste, feia, com vergonha, pois minha imagem era muito negativa, o que emergia insatisfação com o meu corpo e consigo trazia uma presença forte de sentimentos depressivos, de rejeição da própria efígie e baixa autoestima, como introversão, infelicidade e frustrações.

O espelho, aquisição de novas roupas e a empregabilidade para mim era algo desconfortável, desagradável. Eles deixavam claro que o meu corpo estava totalmente fora do padrão de beleza da sociedade; o espelho, por criticar a minha aparência diante dele; as compras de novas vestimentas por não terem uma numeração adequada para o meu "corpinho", e no trabalho a dificuldade era enorme, pois era desclassificada logo na primeira entrevista por não ter confiança e credibilidade em mim.

Todos esses sentimentos me levaram à depressão, ansiedade e compulsão. Comer passou a ser um remédio para que eu me sentisse fortalecida por alguns instantes, pois logo atrás vinha o arrependimento e o descontentamento. Esses desprazeres tornavam-me uma pessoa incapaz de realizar todos os meus sonhos, mesmo porque eles deixaram de existir, dando lugar à solidão, melancolia, desânimo, falta de amor próprio e obesidade. Estar muito desprotegida espiritualmente, com baixa estima e com várias enfermidades, fazia com que desacreditasse de mim. Na carreira profissional não tinha convicção e firmeza nos trabalhos que realizava, já o relacionamento conjugal estava ficando muito complicado, pois não acreditava na mulher que eu era e deixava a desejar, até como mãe estava difícil, não tinha disposição para viver momentos felizes com meus filhos.

Essa situação se arrastou por vários anos, até que um dia, sentindo muita dor na nuca, fui ao médico. Ele constatou que estava com todos os exames alterados, com a pressão altíssima e com obesidade do grau três. No momento estava pesando 130 kg, bateu um desespero de imaginar como consegui chegar a esse nível. Diante desse lamentável quadro eu tinha apenas duas opções: emagrecer e mudar de vida ou continuar comendo e ver no que ia dar.

Naquele momento passaram várias coisas pela minha cabeça, fraquezas, desilusões, arrependimentos, insegurança, frustrações, vergonha, falta de fé e inúmeras tristezas que deixaria para trás em busca do melhor caminho, rumo à felicidade verdadeira, onde recuperaria a auto-estima, a confiança, a paz espiritual, a determinação e a força para viver.

Ao sair do médico fiquei relembrando como era minha vida: o que eu deixei de realizar? Quais as oportunidades que deixei passar, por não acreditar em minha pessoa? **Quantas vezes quis tirar minha vida?** Qual exemplo estava dando aos meus filhos? Como estava minha vida com a pessoa que sempre me ajudou e me ama? Minha vida profissional, o que eu conquistei? Que dia dei um sorriso verdadeiro? Quais eram meus sonhos? Quantas pessoas tentaram me ajudar e eu achei que estavam zombando? Enfim, várias dúvidas passaram na minha mente naquele momento e eu precisava desvendá-las para conseguir ser outra pessoa. A única certeza que eu tinha naquele instante é que eu queria viver de forma diferente tentando recuperar todo o tempo que deixei passar.

Aceitação do problema

Agora, o importante é entender que estou passando por algum problema e o primeiro passo é aceitá-lo para depois pensar em como posso resolvê-lo. Pedir ajuda é algo ruim, algo que me torna fraca e que me incomoda muito. Pedir ajuda neste momento é observar ao meu redor e dizer que necessito de alguém que me encoraje para subir o primeiro degrau. Nesse sentido encontro a ajuda de profissionais importantíssimos para dar o suporte necessário e o mais importante: o apoio, o carinho, o amor da minha família e a fé fazem com que tenha forças para acreditar que sou capaz.

Nunca podemos achar que o que sentimos é menor do que realmente parece. Alguns transtornos comportamentais, como a depressão e a obesidade, fazem tão mal a nossa saúde mental que podem levar a comportamentos autodestrutivos como aconteceu comigo, por isso precisamos ficar em paz com a mente e principalmente estar saudáveis. Ficar comendo, como era o meu caso, bebendo ou até mesmo fumando como um escape só piora a situação, pois sem essa válvula me sentia mais fraca para lidar com as minhas situações e me tornava cada vez mais dependente.

Outro fator que contribui para esse desequilíbrio é acharmos que não temos ninguém, pois o problema que antes era pequeno aumenta cada vez mais. O contato com pessoas, a vivência com outras situações e se permitir ter outras experiências aumentam sentimentos bons em nosso organismo.

Por isso temos que estar sempre longe de coisas que viciem, parar de ficar sozinha, de comer compulsivamente, de beber, fumar, tudo aquilo que contribui para obter uma vida mais saudável, e com isso modificamos nossos pensamentos acerca de nós mesmos e da nossa vida. Tudo em nossas vidas são questões de escolhas.

Nós queremos viver ou apenas existir?

Portanto, para termos uma melhor qualidade de vida precisamos atingir alguns pilares para transformá-la em hábitos mais saudáveis. O que comemos, nossos costumes de vida, a forma com que enfrentamos adversidades e como as emoções representam um papel fundamental na saúde de nosso organismo. As escolhas são nossas e devem ser listadas na busca pelo conhecimento.

A hora da virada

Neste instante começa minha luta, tive que estabelecer a real sinergia para juntar as informações adquiridas dos profissionais com as minhas metas traçadas para construir um resultado de sucesso. Com a ajuda de pessoas importantes em minha vida, minha coragem e muita determinação comecei a mudar minha história.

Tracei metas, organizei minha rotina, restabeleci-me espiritualmente e acreditei que era capaz, tudo isso fez com que o sucesso, o emagrecimento, viesse a acontecer. Diante dessa nova realidade foram eliminados 43 kg e isso trouxe a autoestima, confiança, autoconhecimento e superação interior.

Apesar de ter tido alguns tombos durante essa minha caminhada pude perceber que temos de traçar metas concretas, estabelecer prioridades e fazer tudo sempre com amor, pois só assim conseguiremos alcançar nossos objetivos.

A vida nos proporciona ser diferente, melhor, a cada dia. Mas, para isso, precisamos nos permitir abrir para o novo, lançarmos mão de todas as certezas, das respostas, da mesmice, do mau humor... Precisamos mudar dia após dia.

É exatamente esse ritmo que nos dá a oportunidade de nos perdoar, de pedir perdão, de começar, de ressignificar, ser críticos, de olhar o que é bom para mim e de renovar. O tempo todo somos colocados frente a frente com novas interrogações e para que isso não se torne um fardo e gere uma frustração temos que buscar um equilíbrio com o corpo, mente e espírito.

Na minha vida pessoal estava tudo resolvido, então comecei a organizar a profissional. Como já havia falado para você, caro leitor, eu me formei em Administração de Empresa, trabalhei alguns anos nesta área. Sem muito entusiasmo e sem identificação pessoal queria algo que me completasse, que fosse feito de corpo e alma. Lembrei-me então do meu processo de emagrecimento, retomei todas as ferramentas que me ajudaram a conquistar meu tão sonhado objetivo e apliquei na busca por um novo caminho profissional.

Com tantas revelações, descobri também que a arte de ensinar estava sendo aflorada em minhas veias, e assim surge uma nova profissão, a de educadora. Esta profissão veio ao encontro da certeza de que estou fazendo aquilo que quero da melhor maneira possível, e até onde minhas capacidades consigam chegar.

Comecei então a ministrar aulas e descobri que realmente era meu legado, que as minhas capacidades e habilidades estavam em equilíbrio com os meus objetivos e desafios. Descobri que os objetivos que havia traçado foram alcançados. E assim realizo minhas atividades com harmonia e muito prazer, o que me permite desenvolvê-las com excelência.

Por essa sintonia, conquistei mais um degrau em minha vida profissional, a vaga de coordenadora de um curso de graduação, em Tecnologia em Gestão da Produção Industrial, o convite para ser coautora deste livro e até mesmo o ingresso ao mestrado.

Para que haja essa sintonia precisamos tomar algumas decisões e mudar nossos hábitos. Confesso para você que foi desafiador, mas quando tem a compreensão de qual o nosso papel neste mundo, você encontra forças onde não imaginava que tinha, para conquistar novos comportamentos.

Tenho certeza que você, assim como eu, também procura ser feliz e ter uma vida plena. Para ajudá-lo nessa missão, vou listar dez dicas que foram fundamentais na minha transformação:

1) Acredite em você

Esse é o primeiro passo, se nem você acreditar que pode virar o jogo, como as pessoas a sua volta vão te ajudar ou acreditar em você? Tenha convicção de que você pode ser feliz.

2) Tenha ajuda profissional

Reconhecer que você precisa de ajuda de profissionais e principalmente de pessoas que o amam é fundamental para você não ficar caminhando sozinho sem rumo. Tenha coragem para pedir apoio.

3) Trace metas a curto, médio e longo prazos

Precisamos de direção, ter um norte, saber qual o nosso destino. Esse planejamento de metas é fundamental para gerar comprometimento. Convido-o a ler o capítulo do autor Luiz Claudio neste livro, em que dá excelentes dicas sobre Metas.

4) Organize o cenário a sua volta

Organizar sua rotina, sua casa, seu ambiente de trabalho. Isso ajudará você a ter mais tempo e disposição para ter uma vida mais agradável.

5) Cuide do seu corpo

Realizar atividades físicas e ter uma ótima noite de sono o ajudará a ter um equilíbrio mental. Você precisa cuidar da sua máquina chamada "corpo".

6) Cuide de sua espiritualidade

Restabeleça sua espiritualidade independentemente de religião, para que haja a sintonia entre o corpo, a mente e o espírito.

7) Entre em ação

Não transfira para outro dia o que você precisa realizar hoje, perdoar, amar, aprender, conhecer algo novo, lutar...

8) Tenha alegria por viver

Escolha ser feliz, sorrir mais, sair com os amigos, viajar, ter momentos especiais com pessoas que você ame.

9) Aprenda sempre coisas novas

Ser curioso, ler bons livros, aprender algo novo, que o faça sair da zona de conforto.

10) Fale com seu eu interior

Ter um momento só seu, quando possa meditar e reorganizar suas ideias.

Essas são algumas dicas que me ajudaram a ressignificar minha jornada e encontrar novos rumos. Essa nova Fernanda expressa sentimentos de gratidão, otimismo, autoconfiança, coragem, luta, persistência e busca novos horizontes. Hoje estou em paz com meu corpo, a autoestima está bastante elevada, realizo as minhas atividades com muita confiança e clareza.

As mudanças ficaram nítidas para todos que me conhecem pessoalmente, mas nem por isso deixei de procurar novos cursos, novas ajudas, novos horizontes.

Toda essa mudança veio ao encontro do curso de que participei com meu esposo, Despertar do Mestre. Juntos associamos forças, somamos nossas competências, estabelecemos a real sinergia para juntar mais ideias e construirmos um ótimo resultado.

Ser saudável para mim hoje tem outro valor, que não é apenas o meu corpo, o padrão estipulado pela sociedade. Ser saudável está relacionado ao meu bem-estar, aos hábitos alimentares, à prática de atividade física e ao equilíbrio entre o corpo, a mente e o espírito, às conquistas de meus sonhos.

E você, leitor, tem uma vida saudável, um corpo que o agrade ou o seu corpo está impactando em uma imagem negativa que o atrapalha a alçar voos mais altos?

Exercício para despertar:

Volte nas dez dicas que fizeram a minha vida tomar um novo rumo. E reflita o quanto você tem aplicado essas ações em sua vida.

✓ Será que você tem acreditado em você e aceitado ajuda de outras pessoas?

✓ Suas metas e o ambiente a sua volta estão organizados?

✓ O quanto você tem respeitado e cuidado do seu corpo e cuidado da sua espiritualidade para que tenha harmonia em sua vida?

✓ Você tem transmitido alegria e satisfação em suas ações diárias?

✓ O quanto você tem aprendido coisas novas? Acredite, muitas respostas você descobre dentro de você.

Para assistir a minha videoaula sobre este capítulo, acesse: www.despertardomestre.com.br/livro-videos

9

Idelísia Dourado

Você pode, acredite!

Descubra como eliminar crenças limitantes

Idelísia Dourado

Psicóloga Clínica (CRP 0118274) e Life Coach. Formação: Psicóloga (Centro Universitário de Brasília – UniCEUB); licenciada em Letras e pós-Graduada em Língua Portuguesa (UniCEUB); Professional & Self Coach (Instituto Brasileiro de Coach – IBC); Practitioner em Programação Neurolinguística – PNL (Instituto Actius); Líder Coach – Despertar do Mestre (Instituto Rosa Mestre).

Coautora do livro *Por trás do Espelho* (Editora Saphi, 2017).

Contato

www.idelisiadourado.com.br
facebook.com/idelisiadourado
YouTube: idelisiadourado

Você pode, acredite!

Descubra como eliminar crenças limitantes

Olá, querido leitor. É com muita alegria e satisfação que escrevo este capítulo para você. Para mim é uma honra contribuir para este livro "Despertar do Mestre", organizado por essa pessoa fantástica que é o Fernando Rosa. Então, permita-me primeiramente compartilhar com você como eu conheci esse mestre.

Eu estava em busca das melhores oportunidades para aprimorar meus conhecimentos a fim de contribuir ainda mais com meus pacientes em psicoterapia. Então, após analisar algumas possibilidades de capacitação, resolvi participar de uma formação em Coaching para, além de psicóloga, ser também Life Coach, com certificação internacional por uma renomada instituição na área.

Essa foi uma excelente decisão, pois, além de aprender muito nessa formação, tive o privilégio de conhecer o Fernando Rosa, que foi meu *trainer*, ou seja, o profissional que ministrou o treinamento. Fiquei apaixonada com a riqueza das técnicas e ferramentas do processo de Coaching. Eu consegui ter uma visão geral da minha vida em todas as áreas e enxerguei a minha luz e a minha sombra. A partir dessa experiência, despertei-me, acordei para acreditar, sonhar e viver os meus sonhos.

> *Não deixe que os seus medos tomem o lugar dos seus sonhos.*
>
> *Walt Disney*

Você tem consciência de sua luz e também de sua sombra? Você se conhece realmente? Saiba que para acreditar em você é essencial conscientizar-se da pessoa que você realmente é.

Sou Idelísia Dourado, psicóloga e *life coach*. Sou uma pessoa carismática e que sempre gostou de ajudar pessoas a serem melhores e a se sentirem mais felizes. Minha missão de vida é iluminar pessoas para que se sintam mais empoderadas e felizes, e ajudá-las a descobrir seu potencial infinito para sentirem-se poderosas, transformarem-se em sua melhor versão e viverem com mais amor, autenticidade, felicidade, satisfação, resultados e realização.

Quanto à minha experiência, gostaria de confessar que eu tinha uma crença limitante que não me deixava prosseguir rumo ao meu sonho profissional. Por isso, sentia-me travada em meus medos, anseios e dificuldades. Você sabe o que são crenças limitantes? Se pensou que tem algo relacionado com religião, saiba que a resposta não é por aí.

Crenças limitantes são tudo aquilo que alguém acredita ser verdadeiro e que o impede de realizar o que deseja ou sonha simplesmente por pensar que as limitações em que acredita são reais e intransponíveis. Por exemplo, a pessoa acredita que não consegue dançar e por isso, toda vez que surge uma oportunidade de praticar essa atividade prazerosa, encontra todos os motivos para confirmar essa crença e, assim, justificar sua impossibilidade de desfrutar do prazer de dançar, seja sozinha ou em harmonia com uma ótima companhia.

A crença limitante ocupa o inconsciente de modo que as pessoas nem se dão conta que a possuem. O pior é que a falta de consciência dessa crença permite que ela se repita inúmeras e inúmeras vezes ao ponto de se tornar, de fato, uma verdade praticamente intransponível para a pessoa pelo resto de sua vida. Já imaginou que coisa terrível limitar-se por acreditar que não pode ou não consegue, quando na verdade tem o potencial de fazer acontecer e realizar desejos e sonhos?

Hoje ajudo pessoas a superarem crenças limitantes, pois sofri na pele essa indesejável experiência de sentir-me limitada apenas pela maneira equivocada de como eu pensava e no que eu acreditava. Quer saber uma das crenças limitantes que superei? Acredito que sim, pois podemos aprender com a experiência de outras pessoas. Então, vou compartilhar com você agora.

Provavelmente você sabe o alcance das redes sociais online como Facebook e Instagram, para citar apenas dois exemplos bem conhecidos pelas pessoas em geral. Pois é, eu tinha receio de me expor online e abrir minha vida para um mundo virtual, que não tem fronteiras. Eu tinha medo de me conectar com o desconhecido, pois acreditava que isso seria prejudicial à minha vida, pois estaria exposta para o mundo. Porém, superei essa dificuldade ao vivenciar um processo de Coaching com o Fernando Rosa, permite-me ser a cliente (a *coachee*) e receber ajuda profissional para vencer uma das crenças limitantes que possuía. No processo, percebi que poderia usar o poder da internet a meu favor e expor apenas o que seria necessário para os meus objetivos profissionais. Sabendo utilizar bem as redes sociais, com minha luz difundida na internet, sem dúvida eu atrairia muitas pessoas do bem. Afinal, acredito que atraímos os nossos semelhantes. Além disso, caso aparecesse uma ou outra pessoa com intenções indesejadas, eu teria o controle para bloquear ou bani-las (expulsar), evitando assim que elas afetassem negativamente minha experiência nas redes sociais.

Essa crença limitante, que era causada pelo medo de exposição, foi totalmente destruída em minha vida e, em seu lugar, plantei a semente de uma crença potencializadora, que cresce e se fortalece a cada dia e, inclusive, já está dando seus primeiros frutos. Talvez você gostasse de uma prova disso. Afinal, como o Fernando Rosa gosta de dizer, é importante mostrar "evidências" da transformação.

A prova de que superei todo aquele medo de exposição está aqui nestas páginas, onde exponho um pouquinho de mim. Afinal, estou a contar uma parte da minha história de medo e superação neste capítulo, e essa porção da minha vida será conhecida por diversas pessoas nos mais variados lugares em que este livro será disponibilizado. Mas, além disso, gravei um vídeo para me expor um pouco mais e falar, especialmente para você, querido leitor, sobre como quebrar crenças limitantes. Esse vídeo será disponibilizado pelo Fernando Rosa no site do Despertar do Mestre, onde você poderá assisti-lo. Se você ainda quiser mais evidências da minha superação, então, aceite meu convite e visite meu site profissional, minha página no Facebook e meu canal no YouTube. Os dados para acesso estão disponíveis neste capítulo em minhas informações profissionais.

Tudo isso decidi fazer em prol de mim mesma, em primeiro lugar, e também para cumprir minha missão maior, que é desenvolver pessoas para melhorar suas vidas e deixar o mundo a sua volta mais colorido, mais brilhante e, por que não dizer, como a viver um sonho dourado. Pois é, agora você sabe um pouquinho sobre mim. Sou Idelísia Dourado, psicóloga e *coach*, que se despertou como pessoa e mestre de si mesma e está pronta para ajudar pessoas a também terem essa incrível experiência de despertar o mestre que há dentro de si.

De volta ao exemplo da pessoa que acredita que não consegue dançar, cada vez que ela recusa um convite para bailar por sentir-se desengonçada, fora do passo, sem o molejo desejado, ela confirma sua crença limitante e a fortalece ainda mais. A consequência é bastante simples: a pessoa que convive com esse tipo de crença (a crença limitante de que não consegue dançar) não dançará ou pelo menos não o fará com a leveza desejada, enquanto não transformar essa crença em uma crença potencializadora, ou seja, passar a acreditar que pode dançar para, então, conseguir fazê-lo e deleitar-se com isso. Como disse Henry Ford décadas atrás, "se você pensa que pode ou se pensa que não pode, de qualquer forma você está certo".

Infelizmente, as pessoas adquirem crenças limitantes ao longo de sua história e as consideram verdade absoluta em suas vidas. Quando agimos assim, autorizamos que essas crenças guiem a nossa jornada na direção contrária dos resultados e qualidade de vida que desejamos e merecemos.

Crenças limitantes são mentiras! Então, quais mentiras você tem contado para você mesmo(a) que o(a) impedem de viver a vida que você deseja e merece?

Se você deseja fazer qualquer coisa e acredita que pode executá-la, que é capaz de realizar, você está na direção certa para transformar seu desejo em algo real. Em outras palavras, você possui a crença que lhe permitirá fazer acontecer e ser feliz. Porém, se você possuir o mesmo desejo e acreditar que não tem a capacidade de fazer acontecer, por consequência lógica você não o realizará, pois acredita que não conseguirá. Por isso a importância de saber que existem crenças limitantes e, principalmente, identificar quais você carrega em sua mente e como substituí-las por crenças potencializadoras.

A jornada em busca do autoconhecimento nos oferece a oportunidade de identificar e promover essa substituição de crenças. A filosófica frase "conhece-te a ti mesmo e conhecerás os deuses e o universo", bastante citada ao longo dos séculos, demonstra a importância de se conhecer a si mesmo. Por isso considero o processo de Coaching maravilhoso, pois nos ajuda a obter o autoconhecimento e nos oferece ferramentas para promovermos importantes transformações como a substituição de crenças limitantes por crenças potencializadoras.

A partir do momento em que nos conhecemos, podemos detectar onde melhorar e como fazê-lo. Isso nos ajuda a substituirmos crenças, nos curarmos e superarmos dificuldades, medos, traumas e, melhor ainda, realizar nossos projetos, desejos e sonhos.

É importante primeiro detectar seu estado atual, como você se encontra no momento. Depois projetar o seu estado desejado, como você quer se sentir ou onde você gostaria de estar. Em outras palavras, qual seria seu estado ideal, se não existisse nada que o impedisse de vivê-lo? E entre o estado atual e o estado desejado é imprescindível que você utilize os recursos disponíveis para que sua meta seja atingida.

Para que a mudança aconteça, primeiramente, é preciso que a pessoa queira mudar. Depois ela precisa identificar o problema com clareza, saber onde está o erro ou o que não está funcionando como gostaria para, então, fazer a mudança. E aí é essencial acreditar que possui recursos internos para realizar a mudança, crer que é capaz de mudar, "quem acredita, sempre alcança".

Posso lhe contar um segredo para ajudar você a enfrentar suas crenças limitantes? A ideia é muito simples, mude a sua maneira de pensar, pois atraímos em nossa vida aquilo para onde direcionamos a nossa mente. É o poder do pensamento! Se focarmos em situações negativas, atrairemos mais ainda essas situações. Por exemplo, quanto mais pensamos que nosso relacionamento com uma pessoa – namorado(a), filho(a), cônjuge, parente, chefe, colega de trabalho – é problemático, a tendência é que esse relacionamento permaneça cheio de problemas ou se torne ainda pior. Se insistirmos em pensar que o dinheiro nunca dá para pagar as contas ou fazer o que gostaríamos, provavelmente nossa conta continuará no vermelho e continuaremos apenas a desejar fazer aquilo que, no fundo, acreditamos que não teremos condições financeiras para realizar.

Não podemos decidir que pensamentos surgirão em nossa mente, mas temos o poder de escolher quais deles devem permanecer e receber nossa atenção. Por isso, comprometa-se consigo mesmo a sempre alimentar pensamentos positivos. Comece por pensar e reforçar o pensamento de que você é capaz em relação a praticamente tudo o que acontece em sua vida e, por isso, consegue resolver, fazer acontecer, desenvolver, transformar, inovar, criar, conquistar.

Depois de ler este texto, que tal pensar um pouquinho sobre as crenças que você carrega no seu subconsciente e que têm determinado a maneira como você vive? Quais são suas crenças potencializadoras? De que crenças limitantes você tem consciência? E quais crenças você nunca havia nem pensando que eram crenças com potencial limitador de suas ações e resultados?

Gostaria de se livrar de alguma crença limitadora de seu potencial?

Se sua resposta for sim, você pode autoaplicar-se o seguinte exercício prático de PNL para substituir crença limitante por crença potencializadora. Se preferir, procure ajude de um profissional.

Exercício para despertar

Com os olhos fechados

1) Pense agora em sua crença limitante;

2) Determine uma âncora para você (exemplo: apertar o punho, colocar a mão no coração, cruzar os braços ou outra posição);

3) Agora tente recordar um momento bom de alegria, de prazer que você viveu na sua vida:

a) O que você estava vendo neste momento bom?

b) O que você estava ouvindo?

c) O que você estava sentindo?

d) Quais as pessoas que estavam com você?

e) Qual era o seu sentimento nesse momento?

Permita-se sentir tudo novamente desse momento de alegria, prazer.

4) **Associação** – Agora você vai relembrar esse momento bom de muita alegria e vai fazer sua âncora por 15 segundos e congelar esse momento bom;

5) **Interrupção** – É essencial interromper esse estado emocional. Então, levante-se e relaxe por dois minutos, estique-se, respire fundo e volte ao exercício;

6) **Troca de quadros** – Agora pense em sua crença limitante e coloque cores preto e branco como se fosse um quadro. De olhos fechados atrás do quadro da crença limitante em preto e branco, pense no momento bom de alegria e felicidade e coloque cores bem vivas, iluminadas e alegres, esse é o segundo quadro. Você vai trocar os quadros colocando o quadro da alegria com as cores vibrantes na frente do quadro em preto e branco;

7) **Despedida da crença limitante** – agora você vai visualizar o quadro com sua crença limitante em preto e branco sumindo da sua mente e indo para bem longe de você, ao ponto de você não conseguir mais visualizar o quadro em preto e branco. E olhe somente para o quadro a sua frente do momento bom com as cores bem vivas e alegres e reviva novamente esse momento de alegria, prazer, felicidade, emoções positivas, realização, conquista.

8) **Troca de pensamentos negativos para positivos** – agora você vai repetir em voz alta para você mesmo assim:

"Eu (diga seu nome)_____,

tinha uma crença limitante (diga sua crença limitante) _____,

hoje eu acredito que _____ (construa uma frase sobre o assunto numa versão positiva, pois essa será a sua nova crença, sua crença potencializadora). Repita esse passo três vezes. Depois, respire profundamente e faça esse exercício por 21 dias pelo menos.

9) Pronto, você experimentará uma grande transformação!

Para assistir a minha videoaula sobre este capítulo, acesse: www.despertardomestre.com.br/livro-videos

Um grande beijo!
Com carinho.

10 Jaflete Raquel

Quem sou eu?

Jaflete Raquel

Master Coach Analista Educacional, palestrante e estudante de Enfermagem na Faculdade Cruzeiro do Sul (CEUNSP – Itu/SP).

Quem sou eu?

Eu sou um ser humano que ama a vida e que busca sempre encontrar um propósito ao acordar. Parte de mim é mãe do Saulo e da Ester, esposa do Sérgio, filha amada e irmã companheira.

Apaixonada por ensinar e trazer luz na vida das pessoas.

Contato

WhatsApp: (19) 99208-3285

jafleteraquelpereira@gmail.com

Quem sou eu?

Uma pergunta aparentemente simples e buscando por uma resposta encontrei mais perguntas.

Qual é o verdadeiro sentido da vida?

Por que acordo todos os dias?

Estou realmente vivendo como sou?

Meus comportamentos condizem com a intenção que tenho?...

Todas as respostas de um turbilhão de perguntas para chegar a uma única resposta. *Quem sou eu?*

Quem sou eu?

Comecei buscando em meu interior o início de tudo. E visualizei que em todas as etapas da vida estava ajudando alguém em suas dificuldades, na escola, na vida familiar, problemas profissionais, doenças, percepções sobre a vida...

Continuei nessa busca e em minha profissão, a **Enfermagem,** encontrei muitas respostas para o sentido da vida. Um exemplo diário de um ser humano em um leito de hospital, ele não encontra apenas a cura da doença, encontra a cura espiritual, cura familiar, cura profissional e muito mais como vida.

E a pergunta que veio em minha mente foi: como estou vivendo minha vida? Realmente estou fazendo o que tenho que fazer? O que me levou a cuidar de pessoas? Qual era o verdadeiro sentido das minhas escolhas? Realmente eu estava cumprindo minha missão com essência? E as pessoas ao meu redor estão vivendo de verdade?

Encontrei no Coaching o caminho para ter minhas respostas e o **Despertar do Mestre,** através da **Roda da Vida,** me levou a refletir sobre qual vida estava tendo naquele momento. E percebi como resposta que minha VIDA pouco tinha VIDA.

Senti que eu havia desistido de mim, mas em qual momento da

vida desistimos de nós mesmos? E por que temos um passado de escolhas incríveis, de desafios, de sonhos, de conquistas que se tornou quem somos hoje e paramos de viver tudo isso?

Minha resposta foi o medo de falhar, as **crenças limitantes,** recebidas durante a vida ou criadas por nós mesmos acreditando ser vítimas ou incapazes de algo.

Criamos proteções para não sentir dor. Protegemo-nos das maldades... praticando maldades. Dos ataques... com novos ataques. Das respostas ruins... com outras piores e assim por diante. Formamos um muro ao nosso redor, nos sentimos solitários, perdemos nossa identidade e muitas vezes a vida é que nos dá um balanço para refletirmos se estamos no caminho certo e se estamos cumprindo nossa **Missão de Vida.**

E para seguir em frente teria que quebrar muitas **crenças limitantes**, superar os desafios das mudanças, ter meus pensamentos de verdade, encontrar o que eu acredito, descobrir meus **valores**, mudar os **pontos negativos**, encontrar quem eu sou e cumprir minha **Missão de Vida.**

Voltei a estudar e comecei a ver que eu poderia cuidar de uma vida, de um ser humano na essência, poderia transmitir vida, além do processo do cuidar que aprendi através do conhecimento da Ciência.

E para compreender melhor esta essência, passei a ter momentos incríveis e perceber sentido em tudo o que fazia. Vou relatar uma vivência a qual me trouxe grande visão sobre a vida. Em meu trabalho atendi um médico que sempre me causou admiração, em seus atendimentos ele sempre estava sorrindo e tratava os pacientes com muito carinho, um profissional respeitado em sua profissão e pela sociedade. Diante de mim, em uma cadeira de rodas, com um brilho nos olhos e um sorriso encantador me fez compreender sua alegria através de uma simples pergunta que a resposta foi como luz em meu caminho.

Perguntei a ele como era estar como paciente. Ele olhou-me, sorriu e disse: "Faz um ano que a vida me convidou a viver, neste tempo consegui saber o que é refletir, entender o que é sucesso, ter família, consegui entender como é ser paciente e que muitas vezes nós como médicos impomos ao paciente algo e não sabemos como ele se sentirá diante disso. Posso te dizer que todos os estudos que realizei e tudo o que fiz não havia gerado tanto aprendizado. Este ano doente foi o maior aprendizado da minha vida e tive que esperar a vida me convidar a viver isso". Terminou dizendo: "Eu vou me recuperar e vou voltar não como médico, mas como deve ser um médico".

Cada ser humano passou a ser único em minha vida e em cada momento passei a gerar conhecimento e aprendizado sobre a vida, percebi que a verdadeira arte do cuidar é algo além de trazer a cura ou o conforto ao paciente e que muitas vezes a medicação ou o procedimento correto não são os fatores mais importantes para que ele encontre vida. Sempre há algo maior em tudo o que se faz e poder sentir isso é extraordinário, o retorno de um paciente com gratidão por você ter feito parte da vida dele e transformado um caminho ou uma visão diferente sobre a vida: não tem valor no mundo que seja maior que este.

E podemos causar essa transformação sem que a vida precise nos convidar a entender o que é viver, como podemos nós da área da Saúde cuidar de alguém e esquecermos de nós mesmos? Como fazermos os procedimentos com carinho e não sentirmos algo maior que proporcionamos se estamos diante da vida? Compreendi minha missão. Imaginei como seria se todos conseguissem ver e realizar algo maior, além daquilo que aprenderam. Quanto deixariam de reclamar e poderiam ser gratos por ter a oportunidade de estar ao lado da vida, aprender com ela e ao mesmo tempo transformar uma vida, obtendo sentido no que fazem. Este é o verdadeiro cuidar e a Enfermagem, por estar em todas as etapas da vida, do nascer ao encerrar o ciclo da vida com a morte, nos permite ter e sentir qual é o sentido da vida e o que a própria vida pode causar na vida das pessoas.

Comecei a ensinar que existia algo maior a proporcionar na vida das pessoas. Iniciei com uma equipe maravilhosa, porém não conseguia transmitir o que eu sentia e foi muito desafiante para mim, existia algo que não estava realizando corretamente e comecei a buscar mais sobre como ensinar e transformar pessoas.

E nessa busca pessoas extraordinárias me ajudaram com novas percepções sobre a vida e, dentre elas, um dia conversando com o dr. Alcione sobre o caminho que estava percorrendo, esta busca pelo transformar e os desafios enfrentados, ele me disse: "Jaflete, lindo o caminho que quer seguir, é desafiante, porém em tudo o que fizer minha palavra é única, AMOR, e você alcançará a sua missão".

Naquele momento a palavra amor completou o que me faltava, pois a vida nos proporcionou cinco sentidos para viver e através deles encontramos um sexto sentido chamado amor e este é o que realmente fará você ser você.

Tato, olfato, paladar, visão e audição nos ensinam sobre os cinco sentidos durante a infância e passamos pela vida esquecendo cada um deles.

Na minha experiência de Enfermagem e de vida percebo muitos pais que deixaram de ser pais; filhos que viraram apenas um cuidador; mães que esqueceram a essência de ser mãe e assim segue... As pessoas esqueceram-se dos cinco sentidos da vida, por não terem um sexto sentido presente, o Saber Amar.

Quanto eu paro para ouvir alguém de verdade?

Quanto sou capaz de abraçar ou pegar na mão de alguém?

Qual é o sabor dos alimentos? Aquilo que eu ofereço ao outro tem sabor?

Qual é o cheiro que tem o ambiente em que estou?

Qual é a visão que tenho quando estou diante de alguém? Qual é a visão da vida?

Por que amamos mas não dizemos ou não praticamos?

E quando foi que tudo isso se perdeu ou esquecemos de sentir? Talvez a única resposta válida e que faz sentido foi que no momento em que perdemos nossa identidade deixamos de ser quem somos, esquecemos os sentidos da vida e sem perceber deixamos de viver em nossos dias.

Jesus disse:

"Amarás o teu próximo como a ti mesmo". (Marcos 12:31)

Para amar o próximo preciso encontrar amor em mim, assim serei capaz de ter amor e transmitir amor independentemente de o outro me amar. Se tenho amor... logo doarei amor e tudo aquilo que eu não tiver não serei capaz de dar. Porém, se você visualizar em alguém algo que acredita não ter, peço que busque em seu interior porque você já o possui, apenas está esquecido, transforme-o e passe a transmitir.

No Despertar do Mestre consegui despertar o melhor de mim, tudo o que já havia esquecido, aprendi a ressignificar o passado, voltar a encontrar meus valores e capacidades para então descobrir quem sou Eu.

E junto a essa busca encontrei o verdadeiro sucesso, o verdadeiro olhar, o verdadeiro escutar, o verdadeiro saborear, o verdadeiro sentir, o cheiro da vida.

Descobri que as melhores respostas estão em meu interior. Que não preciso sentir medo de falhar porque, se ocorrer falha, terei um aprendizado incrível me ensinando a fazer diferente. Que receber críticas pode ser a transformação que eu não havia visto em mim. Que saber agradecer até mesmo em situações ruins pode lhe trazer um sentimento bom. Há sempre algo maior a alcançar ou a sentir além daquilo que está ao alcance de seus olhos ou em sua mente.

O Coaching me trouxe ao estado desejado e me ensinou a encontrar qual é o legado que devo deixar como missão de vida.

Minha missão é trilhar um caminho deixando a essência da vida, despertar os cincos sentidos de cada um que eu encontrar durante a minha jornada.

Pergunto-lhe

Quem é você?

Qual é a sua missão de vida?

11

Janaína Corrêa

Despertar MM

Sendo eu de novo

Janaína Corrêa

Coach de relacionamento e liderança. Idealizadora do Projeto MM – Coaching para Mães, no qual ajuda mulheres a viverem a maternidade com leveza. Suas experiências incluem: Professional & Self Coaching – IBC (Instituto Brasileiro de Coaching); analista comportamental e analista 360º – IBC; Administradora (ITE – FCEB) e Gerente de Projetos – FGV; líder de equipes há 15 anos; gestão de empresa familiar - 18 anos; diretora da ABRH/SP Centro Oeste - Relações com Associados – três anos.

Contato
(14) 98144-0168
E-mail: coach@janainacorrea.com.br
https://janainacorreacoach.wixsite.com/janainacorreacoach
https://www.facebook.com/janainacorrealifecoaching/

Despertar MM

Sendo eu de novo

Música muito alta de propósito. Vidros e olhos fechados, mãos no volante apenas sentindo a solidão por alguns minutos. São 10h da manhã, é o dia do meu aniversário de 38 anos. Estou dentro do meu carro parado na garagem. A sensação é de alívio, finalmente sendo eu de novo. Ainda de olhos fechados, ouço até o fim a música que escolhi. Sinto o ar condicionado forte na minha pele, suspiro. Mãe de um bebê de 30 dias, saindo de casa pela primeira vez sozinha.

Após a saída da maternidade minha vida se repetia em ciclos de três horas, dia e noite: amamentação, troca de fraldas, brincadeiras, sono, amamentação, mais fraldas... Então sair de casa sozinha, NOSSA!!! Melhor presente do dia!

Ué, mas você não queria ser mãe? MUITO!!! Sonhei com a maternidade desde pequena, sofri quando não aconteceu quando eu esperava. Demorou mais do que imaginava e me culpei por só buscar este sonho mais tarde.

Sou uma mulher típica dos dias atuais: tenho minha vida familiar, quero dar atenção ao filho e ao marido, aos meus pais, minhas irmãs, sinto falta dos meus amigos e amigas, tenho uma intensa vida profissional, um trabalho voluntário, vou à igreja e acho muito engraçado quando ouço falar da dupla jornada das mulheres. Tem certeza de que é só dupla?

Quando Lucas, meu filho, estava com três anos o Coaching entrou na minha vida, pelas mãos de um anjo e de um mestre, Fernando Rosa. Sentada em minha cadeira durante as aulas, o mundo materno se reconfigurou dentro de mim e decidi levar aquela nova visão às minhas amigas mães. Compartilhei este sonho com uma grande amiga *coach* e juntas criamos o MM — Coaching em Grupo para Mães. Nosso objetivo é que cada mãe possa viver a maternidade plenamente, aproveitando cada momento, sem culpa, sendo ela própria, vivendo os papéis que escolheu para si.

Como ter tudo isso se eu preciso ser uma ótima mãe, uma esposa amorosa, uma profissional nota 10, uma filha atenciosa, uma amiga disponível? E ainda: limpar, cozinhar, arrumar, educar, brincar? Claro, mantendo os cabelos arrumados, unhas feitas e linda.

Ah! Então MM é de Mulher Maravilha?! E se for de Meleca de Mãe? Talvez qualquer coisa Mais ou Menos. Mãe Mediana. Ou Mulher Morta de cansaço. Mãe Multitarefas. Mulher Mequetrefe. Mãe Melodramática.

Que tipo de MM é você hoje? Qual MM quer ser?

E se eu lhe disser que você traz dentro de si todas as condições de ser a Melhor Mãe que sempre sonhou ser? E se isto também for verdade para seu papel de mulher, de profissional, de amiga e do que mais quiser?

Você pode sim viver de forma mais tranquila e em paz com suas escolhas. Você pode (e deve) desenhar o estilo de vida que faz sentido para você, que lhe permite transmitir aos seus filhos os valores nos quais acredita, viver as histórias que deseja, traçar o seu destino.

Esta é minha missão aqui, lhe mostrar que é possível ter leveza e satisfação se fizermos escolhas conscientes e conectadas à nossa essência. Mesmo entre chupetas, noites mal dormidas, brinquedos pelo chão, palpites da mãe e da sogra e até de estranhos.

Existe solução num cenário desses?

Sim, existe. É importante entender desde já que não é uma solução pronta. Ela depende de você, de quem você é neste momento, de quais são as suas prioridades, de qual história você quer viver e relembrar no futuro. De quais marcas quer deixar para as pessoas importantes.

Você já refletiu sobre isso? Que tal fazer isso agora, durante sua leitura? Papel e caneta à mão (ou a margem do livro mesmo!), é importante anotar os *insights* e sentimentos que surgirem durante o seu processo de reflexão.

Antes de prosseguir preciso que você entenda que a partir de agora todas as minhas colocações partirão de um pressuposto inicial, que assumi a partir do Coaching, não só para minha maternidade, mas para minha vida.

Escolho ir ao encontro daquilo que quero.

Ir ao encontro do que se quer pode lhe parecer bem óbvio, mas não é. Eu falo aqui de uma escolha consciente. De estar presente em cada passo do caminho. Presente de corpo e alma, mente e coração.

Na minha percepção, a vida que temos hoje em dia nos desvia desse objetivo o tempo todo. Inúmeras pessoas, tendências, mídias e tecnologias acreditam que podem dizer como eu e você devemos viver. Uma lista infindável de 'você tem que'. Eu acredito que 'você não tem que'...

Cuidados essenciais

A maternidade invade a vida da mulher com uma intensidade e velocidade sem iguais. Atendi muitas mulheres que após a chegada de um filho não se lembram mais do que gostam de comer, de vestir, de ouvir, do assunto favorito.

Tudo passa a girar ao redor do bebê, que necessita de fato de muita atenção. Mas a renúncia aqui precisa ter um limite. A decisão de cuidar do bebê da melhor forma precisa respeitar um mínimo de cuidado próprio, sem culpa, com tranquilidade e satisfação. Somente estando inteira, com energia, a mãe se sente capaz de realizar sua missão tão delicada, tão complexa. À medida que a criança cresce e começa a fazer coisas sozinha, a rotina da mãe se altera, pode se dedicar um pouco mais a si mesma e os demais papéis vão retornando gradativamente. Mas você precisa estar atenta e consciente em cada fase para se permitir mudar, voltar-se para si novamente.

Quando vivi esta fase de tempos de dedicação máxima ao pequeno, mantive alguns cuidados que para mim eram absolutamente essenciais em quatro dimensões:

Corpo | Alma | Mente | Coração

Dividir o foco nestas dimensões facilitou bastante escolher do que eu não podia abrir mão. Pequenos cuidados que me permitiram não sucumbir ao cansaço e preocupações desta fase:

✓ Corpo: banho relaxante de 15 minutos uma vez ao dia; beber muita água; alimentação saudável para ter disposição e um bom leite (bebê bem alimentado e saudável = mãe menos enlouquecida). Eu com fome ou com sono fico insuportável, meu filho merece uma mãe muito melhor que isso. Então, priorizava comer e dormir, mesmo deixando a casa bagunçada, louça na pia, ligação de alguém sem retorno.

✓ Alma: eu acredito em Deus, então, para cuidar de questões da alma, até hoje, rezo e agradeço: pelo meu filho, pela minha família, pelos antepassados que me permitiram chegar até ali, até aqui. A gratidão traz um estado de espírito maravilhoso, experimente! Outra maravilha da alma que passei a usar muito mais frequentemente após o nascimento do Lucas foi minha intuição. Inúmeras vezes tive uma 'luz' do nada de como agir numa situação, descobrindo depois que era a solução perfeita. Eu não tinha argumentos racionais nestas situações, apenas sabia o que faria bem a ele. Muitas vezes encontrei depois uma explicação científica para aquilo que fiz, mas para mim a inspiração tem um quê Divino, como se Deus dissesse 'mamãe, você sabe o que fazer, por que busca tanta lógica? Confie e faça'. Confie!

✓ Mente: conversar comigo mesma sem cobranças, com gentileza, sem me maltratar quando me sentia falhando; ler ao menos uma página por dia de um livro sobre cuidados com bebê e comigo. Nós somos as piores críticas de nós mesmas. Somos mestras em nos ferir no ponto em que mais dói. Se meu objetivo é ficar bem, tenho que escolher ir ao encontro do que quero, que é ficar bem. Experimente se elogiar diante do espelho ou quando fizer algo de que se orgulhe.

✓ Coração: falar o que sentia, compartilhar minhas angústias, às vezes rapidamente, com alguma amiga pelo telefone, minhas irmãs, minha mãe. Mas em especial com meu marido. A liberdade de me expor, de mostrar medos e sustos sem preocupar-me em ser julgada. Permitir-me ser frágil. Acima de tudo, compartilhar as alegrias com ele, me emocionar ao vê-lo cuidar do bebê, se envolver em todas as atividades que podia, ver e sentir o fortalecimento do elo entre pai e filho, homem e mulher, de nossa família enfim. Estar presente para os sentimentos que vivi e vivo traz outro nível de preenchimento interno, de satisfação.

Cuidar desses quatro aspectos nesta fase fez a diferença e é a base dos cuidados que mantenho até hoje. Com o tempo meu filho foi crescendo, então outras ações entraram em minha lista de cuidado próprio: andar de bicicleta, ler, fazer as unhas com regularidade, sair para jantar com o marido, encontrar amigas, visitar parentes mais vezes, ter um hobby novamente. Não faço tudo isso todos os dias, algumas coisas faço uma vez por mês: faça o que gosta mais e é possível.

Frustração e sonhos

Eu cheguei ao fim da gravidez repleta de sonhos: a gravidez tranquila permitia sonhar com o parto normal; amamentar meu pequeno com meu leite, ficar seis meses em casa, curtindo meu bebê; receber pessoas queridas que chegarão para conhecê-lo; finalmente ter tempo para estruturar um negócio próprio, uma franquia, sonho antigo!

A realidade me atropelou logo de cara. O parto normal não foi possível, apesar de todo meu investimento em atividades físicas diárias, no ganho de peso controlado, no sonho desde pequena, já que nasci de parto normal.

Os seis meses em casa não foram de descanso, achei que daria conta de todas as atividades domésticas, com ajuda de uma faxineira três vezes na semana, e sobraria tempo. Não sobrou.

Receber as pessoas em casa era um misto de alegria (notícias do mundo, ver rostos adultos, ter conversas sobre assuntos variados), mas todos queriam mesmo era saber do bebê. O assunto era o xixi na roupa de alguém, se parece com este ou com aquele, a roupinha que nem usou e não serve mais.

Nunca toquei no computador ou telefone para criar um negócio naqueles meses. Na verdade, eu já nem sabia mais que roupa usar quando precisei voltar ao meu trabalho. Fui ao shopping comprar algo novo para esta ocasião e comprei seis lindos conjuntos! Todos para o Lucas!!!

Uma vez entendida a lição, que meu 'agora' permitia menos do que eu projetei de forma irresponsável, sem verificar de verdade como é o dia a dia de uma mãe com um bebê pequeno, o jeito foi olhar para mim de novo no espelho e me perguntar: e agora? Quem eu sou? Quais meus sonhos? Aqueles que me farão mais feliz dentro da realidade de mãe de primeira viagem?

A reconexão aqui tomou novos contornos. Perguntei-me que mundo quero para mim, como quero viver. O que quero construir e deixar para o Lucas, para todos que me conheceram?

Olhei para o meu futuro, ESCOLHI o que quero viver lá e, sem aqueles filtros todos, sonhei:

✓ Um grande sobrado, num lugar onde Lucas brinque tranquilo na rua;

✓ Uma nova posição profissional no mundo corporativo: onde eu possa ser líder e deixar a minha marca;

✓ Um trabalho voluntário, para contribuir com a construção de algo maior para a sociedade;

✓ Viajar e conhecer novos lugares;

✓ Um carro maior, no qual caiba toda a mudança que levamos nos passeios.

Sonhos de uma mulher normal, mas principalmente meus, conectados com o meu momento.

Olhar para o futuro que eu decidi ter me deu uma energia ENORME! Deu-me gana. Deu-me *insights* novos. Deu-me uma vontade absurda de parar de achar difícil a vida de mãe e realizar meus sonhos, por mim e pela minha família.

O sonho é a maior fonte de vigor que já experimentei na vida. Como *coach*, vivo e acompanho pessoas transformando sonhos em metas, metas em realidade.

Dos cinco sonhos que citei no início, quatro já são metas cumpridas e um está em andamento. Outros sonhos chegaram, mais ousados, mais complexos, outros simples. Estão todos num quadro ao lado da minha cama, olhar para eles me faz sorrir e seguir em minhas batalhas.

Relacionamentos

Para dar conta de todas as novidades do bebê e das novas necessidades que eu tinha contei com apoio de muita gente. E nem sempre eu os tratei bem como mereciam. Em momentos de stress e cansaço, fui bem menos gentil do que gostaria de me lembrar agora. Mas, aprendi rápido que a qualidade da minha vida dependia da qualidade dos meus relacionamentos, do clima que eu criava ao meu redor.

Percebi que as palavras que usava e como eu as falava fazia toda a diferença. Indo ao encontro do que eu queria, ter um bom relacionamento com minha rede de apoio, passei a cuidar da forma como me comunico com eles.

Primeiro passo: eliminar o 'não' das conversas. Não pense numa fralda suja. Pronto, já pensou! O 'não' existe enquanto linguagem, mas não como experiência. Junto dele eu falava aquilo que queria evitar: não toque a boca do bebê, por exemplo. Que aos poucos substituí por 'faça carinho no alto da cabeça dele'. Hoje, 'não suba no sofá' troco por 'desça do sofá'. Pode parecer sutil, mas teste e veja.

Também reparei que às vezes punha tudo a perder depois de começar bem uma conversa. O uso do 'mas' tem este poder de reversão: 'Você me ajuda muito, mas poderia fazer isso também?' A pessoa se sente em falta com você, sendo cobrada, desanima qualquer um. Passei a usar 'e': 'Você me ajuda muito e seria incrível se pudesse fazer isso também'.

Aliás, o 'incrível' faz parte de um time de palavras que evitei durante toda vida, um erro lastimável. Palavras que considerei exageradas no passado hoje vejo como perfeitas para criar conexão e um clima positivo com as pessoas. Ao agradecer ou elogiar algo que foi feito, não economizo mais: 'Esta salada é a mais sensacional que já comi! Você tem uma habilidade extraordinária para fazer isso!'

Além dessas, sugiro que você teste e inclua no seu rol: mágico, impressionante, vitória, incomparável, herói, espetacular, maravilhoso, encantador. Elas têm um efeito fantástico!

Outra dica, que aprendi com marqueteiros de plantão: fale sempre o nome da pessoa ao solicitar ajuda, soa como música para ela e cria um clima bom. Pergunte consultando a opinião dela, para que se sinta importante e não um mero ajudante: 'Marta, o que acha de aproximar aqui, fica bom?' 'Bruna, pode fazer assim?'

Por fim, use o suspense e sua criatividade para ilustrar uma situação absurda e no final da história peça ajuda rindo. Tanto você quanto o seu interlocutor se sentirão muito bem: 'Vovó, socorro! O monstro do cocô atacou o bebê aqui, a camiseta branca da mamãe foi alvejada também, salve seu neto!'

Bons relacionamentos impactam diretamente no bom humor e geram um ciclo virtuoso, que traz leveza e bem-estar para todos os envolvidos, invista no seu vocabulário!

Enfim MM...

Mais do que padecer no paraíso, para mim, ser mãe é se perder e se reencontrar por amor. É viver esse sentimento intensamente, escolhendo o melhor caminho para deixar ao mundo a sua marca.

Viver em mais abundância do que antes é uma possibilidade para quem assim escolhe. Isso passa por manter os cuidados consigo mesma e as expectativas em níveis razoáveis. Ter sonhos bem nítidos e metas para realizá-los. Cuidar dos relacionamentos importantes, com gentileza e criatividade.

Escolha ir ao encontro do que quer, esteja presente em suas escolhas, em cada uma delas. Através de escolhas conscientes você criará de forma muito mais leve a sua realidade e a do mundo ao seu redor.

Exercício para despertar

Com base nessa reflexão, preparei o **Quadro MM**.

Um convite para você registrar as mudanças que quer experimentar na sua vida de Mãe Mulher.

Para receber o Quadro MM e assistir a minha videoaula sobre este capítulo.

Acesse: www.despertardomestre.com.br/livro-videos

12 Luiz Claudio Santos

Metas:

Tudo bem se não alcançá-las!

Luiz Claudio Santos

Mestre, especialista e *coach*. É Analista Legislativo da Câmara dos Deputados e mestre em Ciência Política, com graduação em Administração e especializações em Processo Legislativo, Desenvolvimento Gerencial e Gestão Legislativa. Coach e Leader Coach (SBCoaching), Leader Coach (Rosa Mestre) e Practitioner em PNL (Actius). Professor e palestrante na Câmara dos Deputados, Senado Federal, Ministério do Trabalho e Emprego, Fundação Getúlio Vargas e Anamatra. Dentre suas obras, estão o livro *Descubra-se* (Editora Saphi) e *Curso de Regimento Interno* (Edições Câmara).

Contato
WhatsApp: (61) 98348-4321
www.priorizar.com.br
Instagram: @luiz.priorizar
YouTube: Luiz.Priorizar

Metas:

Tudo bem se não alcançá-las!

*J*á imaginou se seu chefe dissesse isso para você no final do mês e ainda mantivesse os bônus extras que lhe foram prometidos caso você tivesse batido as metas da empresa?

Seria um sonho, não? É mais provável que ele diga: "Acorda para a realidade, sonhador alucinado"! Afinal, metas devem ser específicas, mensuráveis, realistas, alcançáveis em determinado prazo e por aí vai. Mas, deveria ser sempre assim mesmo?

Talvez você esteja cansado dessa história de metas a cumprir e coisa e tal. De certo modo, eu também estou!!! Afinal, considero injusto não bonificar quem contribuiu e muito com o desenvolvimento e evolução de uma instituição ou empresa, apesar de não ter batido as metas.

Nas últimas décadas, com a difusão da internet e das mais variadas formas de comunicação online, o ideal de definição de *metas smart* também se espalhou pelo mundo. *Smart* é uma sigla e, a depender da interpretação, também um acrônimo. Mas aqui a consideraremos apenas uma sigla para facilitar a nossa conversa. Importada do idioma inglês, a expressão *"meta smart"* faz referência à ideia de "meta inteligente". Inteligente é a tradução mais comum da palavra inglesa *"smart"* para o Português. Essa sigla tem sido utilizada por muitos no Brasil e no mundo para ensinar como as pessoas, instituições e empresas devem definir metas.

Esses ensinamentos costumam ser até muito bem-intencionados na maioria das vezes. Porém, o problema é que, por trás dessa concepção, costuma ser difundido também, implícita ou explicitamente, o pensamento de que, se a meta não for *smart* (inteligente), a pessoa, a instituição, a empresa não alcançará o objetivo definido ou, no mínimo, terá muito mais dificuldade em obter o resultado desejado. Será? Para que mesmo definimos metas? É essencial alcançá-las?

Vamos, então, entender logo o que significa a sigla **S.M.A.R.T.**:

S - Specific (específica) - o quê?

M - Measurable (mensurável) - quanto?

A - Attainable (atingível) - como?

R - Relevant (relevante) - por quê?

T - Time-based (temporal) - quando?

Então, a grande maioria das abordagens sobre a definição de metas, de uma maneira ou de outra, inclui a seguinte ideia: a meta deve ser relevante, específica, realizável num prazo predeterminado e possível de ser medida.

Imagino que até aqui esteja tudo bem, pois estamos falando um pouco do mesmo e a leitura deva estar sendo confortável para você. Mas, antes de prosseguirmos nesta conversa, cabem dois avisos muito importantes:

1. Se você acredita e gostaria de continuar com a crença de que metas devem sempre ser "SMART", tudo bem! Então, **você não deve ler este texto**.

2. Se você deseja manter o entendimento de que metas devem sempre ser alcançadas, atingidas, realizadas..., **você não precisa continuar esta leitura**!

Se decidiu continuar, saiba que a mensagem deste capítulo tem o claro objetivo de levar você a, no mínimo, repensar suas ideias e crenças sobre o assunto. De preferência, seria ótimo se também provocasse em você o desejo de substituir sua velha maneira de pensar sobre metas por um novo olhar, uma nova perspectiva capaz de potencializar seus resultados e, acima de tudo, oferecer leveza para conduzir você a um nível de desenvolvimento pessoal de excelência, muito além daquele aonde você costumava chegar.

Sim, o verbo costumava foi escrito no passado de propósito, pois, se você aceitar ler este capítulo até o final, poderá conhecer essa abordagem diferenciada sobre metas e aplicar o conhecimento aqui compartilhado imediatamente após a leitura deste capítulo.

Se você fizer isso, vai passar a definir metas com mais regularidade e a avançar em sua vida pessoal, trajetória estudantil e carreira profissional como nunca antes em sua vida. E o melhor de tudo, sem a preocupação de precisar atingir as metas que você mesmo definiu. É isso mesmo que você acabou de ler, afinal, **metas não precisam ser sempre alcançadas**.

Tudo bem se você coçar a cabeça e disser: "Como assim? não estou entendendo nada, pois sempre achei que metas eram para ser atingidas. Pelo menos é isso que meu chefe sempre diz para nossa equipe". Se você ainda tem esse pensamento, não se preocupe, pois quase todas as pessoas tendem a pensar como você vinha pensando até agora. Afinal, difundiram tanto a ideia de metas *"smart"* que as pessoas parecem não ter a opção de pensar de outra maneira.

Mas que tal focar numa abordagem mais inspiradora de definir metas e, em especial, no que há por trás das metas, em vez de simplesmente preocupar-se em ter metas e realizá-las? Não seria interessante ter consciência de que há um propósito maior em definir metas (ou pelo menos deveria haver)?

Recentemente, em julho de 2014, o americano Brendon Buchard, que é considerado um dos 25 mais renomados profissionais de desenvolvimento pessoal do mundo e que consta na lista das cem personalidades públicas com mais seguidores no Facebook (já são mais de cinco milhões), publicou um vídeo no YouTube intitulado "How NOT to Set Goals (Why S.M.A.R.T. goals are lame)". Em tradução livre, o título do vídeo poderia ser "Como NÃO Definir Metas (Por que metas S.M.A.R.T. não são inteligentes).

No vídeo, Brendon questiona as *metas smart* (inteligentes) e recomenda que seus ouvintes passem a definir **metas D.U.M.B**. "Dumb" é palavra do vocabulário inglês comumente traduzida para o Português como estúpido(a). No Inglês, *dumb* (estúpido) é o oposto de *smart* (inteligente). E esse é um contraponto muito interessante para nossa reflexão.

Então, que tal iluminar seu pensamento com essa nova ideia?

Se você deseja algo diferente, que faça sentido e possa ser utilizado de imediato para contribuir com sua evolução nesta jornada de desenvolvimento, então, não há alternativa. O próximo parágrafo e os seguintes estão à sua espera com ideias capazes de surpreendê-lo e encantá-lo com essa maneira interessante de pensar e viver, quando o assunto for metas. Então, para iluminar seu pensamento, leia o próximo parágrafo agora, em 30 segundos, pois já vou começar a cronometrar seu tempo de leitura.

Percebeu a presença da ideia de *meta smart* na recomendação que lhe foi apresentada no final do parágrafo anterior? Vamos lê-la novamente com algo a mais para ajudar nossa percepção: "para iluminar seu pensamento (relevante), leia o próximo parágrafo agora (específico), em 30 segundos (realizável num prazo determinado), pois já vou começar a cronometrar seu tempo de leitura (mensurável)". Então, *metas smart* podem ter sua utilidade na vida? Entendo que sim, principalmente para atividades rotineiras e realizações ordinárias (habituais). A limitação das *metas smart* está no seu potencial de inibir a idealização ou a projeção dos ditos sonhos impossíveis. Vejamos, em breves palavras, o que o Brendon nos propõe em seu vídeo ao recomendar a definição de metas D.U.M.B.

D - Dream driven ou Destiny driven - dirigida para o sonho ou destino;

U - Up lifting - inspiradora;

M - Method friendly - método amigável;

B - Behavior driven - conduzida para um comportamento.

Vamos começar pela **letra D**. A meta dirigida para a realização do sonho contrapõe-se com a ideia de meta realizável. Pois quem tem esse poder de definir tão claramente o que é realizável daquilo que é impossível? Em muitos casos há uma tênue linha a separá-los. Por exemplo, em 2017, meu pai completou 81 anos. Em geral, as pessoas o consideram em boa forma física e mental para essa idade. Mas o que diriam se ele definisse como meta escalar o Everest, a montanha de maior altitude da Terra, com 8.848 metros acima do nível do mar? E se sua meta fosse chegar aos cem anos com vigor suficiente para comemorar o aniversário nadando 1.500 metros? Quem sabe a meta fosse fazer uma faculdade, um mestrado e um doutorado até os 95 anos. Seria possível? Ao pensar sobre essas metas de um senhor com mais de 81 anos de vida, o senso comum diria: "Impossível!".

Então, vamos aos fatos. Em relação a escalar o Everest, em 2013, o japonês Yuichiro Miura chegou lá aos 80 anos. Quanto a comemorar um século de vida nadando 1.500 metros, a japonesa Mieko Nagaoka bateu esse recorde na natação em 2014. Por fim, quanto à alta titulação acadêmica, o alemão Heinz Wenderoth conquistou o título de doutor aos 97 anos.

Nesses exemplos da vida real, cabe muito bem a famosa frase de Jean Cocteau, com uma singela adaptação para melhor contextualizar: **"Não sabendo que era impossível, ela e eles foram lá e fizeram"**.

Os exemplos acima são inspiradores e reforçam a ideia desenvolvida por Brendon com base na letra **U** da sigla D.U.M.B., pois é bem provável que essas pessoas tivessem metas positivas com o poder de elevar o pensamento e inspirá-las a atitudes nobres, honradas e elevadas rumo ao seu objetivo. Se eles estivessem focados nas dificuldades que enfrentariam na jornada, não teriam obtido o resultado desejado. Havia um ganho muito significativo para elas em realizar a meta e, certamente, visualizar esse ganho, essa conquista, inspirava cada um desses sonhadores-realizadores a perseguir a meta e a vibrar a cada passo em direção à sua realização.

Nossas metas devem ser importantes para nós mesmos, atrativas para nós mesmos, divertidas para nós mesmos de alguma maneira. Devemos visualizar um ganho significativo em realizarmos as metas que nos propusemos a alcançar. Então, quanto mais alinhadas com nossos sonhos, mais importantes, atrativas e divertidas serão e, assim, teremos mais entusiasmo em alcançá-las e, aí, as listas de checagem serão desnecessárias ou apenas instrumentais.

Afinal, as metas devem ser mensuráveis não apenas em relação ao quanto podemos realizá-las, mas, principalmente, sob a ótica dos desejos, sonhos, realização pessoal, missão de vida. Nossas grandes metas devem estar conectadas com nossos sonhos e esperanças. O primeiro passo é sonhar grande, sem a preocupação quanto ao que é possível ou não. Após nosso coração e mente encontrarem-se alimentados pelo grande sonho e desejo é que deveremos nos ocupar em descobrir o como realizar. Como sabiamente nos ensina Napoleon Hill, o "desejo intenso é o começo de todas as realizações" e "toda grande realização foi, primeiramente, e por algum tempo, apenas um sonho". Mas muitas pessoas se preocupam (pre-ocupam) antes de estarem energizadas pelos desejos e sonhos e, por isso, muitas de suas metas se mostram impossíveis, desmotivadoras e, por consequência, tornam-se irrealizáveis.

O método amigável, baseado na letra **M** da sigla, se refere à utilização de um método ou conjunto de práticas que ajudem a avançar rumo à realização da meta. É descobrir o que poderá ser feito, que práticas que se forem incorporadas ao dia a dia facilitarão o alcance da meta. Peço-lhe a liberdade de apresentar um exemplo pessoal que ajudará a ilustrar essa ideia. Para realizar a minha meta de ser fluente em Inglês em 2017, incorporei à minha rotina um conjunto de práticas que contribuíram para essa realização, como ouvir áudio-book em Inglês no carro enquanto dirigia, assistir videoaulas com professores nativos do Canadá, Estados Unidos e Inglaterra, sem tradução, pelo menos uma hora por dia, conversar com tutores nativos de diferentes nacionalidades meia hora por dia, assistir filmes em Inglês sem legenda ou com legendas em Inglês. A realização desse conjunto de atividades que incorporei à minha vida e pratiquei diariamente ao longo de mais de quatro meses, numa média de três horas diárias, permitiu-me adquirir um nível de fluência confortável para começar a me beneficiar de palestras e cursos em assuntos do meu interesse disponíveis em Inglês na internet. O vídeo do Brendon, em que se baseia parte deste texto, é um exemplo de material disponível exclusivamente em Inglês e que eu pude ter acesso por incorporar ao meu dia a dia esse conjunto de práticas colaborativas para a realização dessa minha meta.

Por fim, baseada na letra **B**, a meta conduzida para um comportamento seria, por exemplo, toda vez que você entrar no banheiro pela primeira vez após acordar, exercitar, por dois minutos, uma posição de autoempoderamento ensinada pela psicóloga Amy Cuddy e ainda acrescentar a técnica do sorriso de orelha a orelha que Anthony Robbins ensina em seu livro *Desperte o Seu Gigante Interior*. Então, você poderia posicionar-se de frente para o espelho com os braços erguidos em "V" e colocar no rosto um sorriso de orelha a orelha, semelhantemente ao Usain Bolt ao vencer uma corrida nas olimpíadas de 2016. Eu pratico essa técnica há aproximadamente um ano e tenho obtido ótimos resultados em minha vida. A cada dia sinto-me mais otimista e confiante, e isso, certamente, está ajudando-me a realizar minhas metas desafiadoras, inclusive algumas que, até pouco tempo, pareciam impossíveis.

Aproveitarei esse relato pessoal e farei aqui um parêntese para agradecer ao Fernando Rosa a oportunidade que me foi concedida de participar da formação em Leader Coach "Despertar do Mestre". Nesse treinamento, além de conhecer esse competente profissional que é o Fernando e aprender um pouco mais sobre o Coaching, defini algumas metas importantes para minha vida em 2017. Com alegria, digo que já obtive êxito na maioria delas. Escrever este capítulo é mais uma meta que está sendo realizada com sucesso. Por isso, registro minha gratidão por esse meu Despertar do Mestre.

Deixei para o final aquilo que considero a melhor parte quando o assunto é metas.

Metas devem ser definidas para ajudar no desenvolvimento e evolução pessoal, institucional ou empresarial e não necessariamente para serem atingidas.

Algumas metas serão atingidas em 100%, outras excederão esse percentual e haverá, ainda, aquelas cujo percentual de alcance será muito inferior e até insignificante se comparado ao que foi definido como meta. O que é relevante, de fato, é mensurar o quanto de desenvolvimento e evolução conquistamos por estarmos direcionados por uma meta. Não interessa se é uma *meta smart* ou não (*dumb*), nem mesmo se ela foi ou não realizada ou, ainda, em que percentual isso aconteceu. O que importa, e por isso devemos priorizar quando o assunto é metas, é o desenvolvimento e a evolução, jamais o simples cumprimento de metas por si só.

A importância das metas será significativamente reduzida se limitar-se à sua pura e simples realização. O foco deverá sempre ser o final dessa jornada de desenvolvimento e evolução que percorremos por termos metas definidas.

Afinal, isso é o que realmente importa.

Então, tudo bem se não cumprir suas metas. Já sabemos o que devemos priorizar: desenvolvimento e evolução!

13

Mônica Carneiro

Mudanças promovem mudanças

Saia da zona de conforto despertando as mudanças necessárias em sua vida

Mônica Carneiro

MBA Psicologia Positiva – IPOG, 2017; PNL – Programação Neurolinguística para Coach, – 2017; Líder Coach – Despertar do Mestre, 2016.

Certificações Internacionais Professional & Self Coach, formada pelo Brazilian Coaching Institute (IBC), Global Coaching Community (GCC), European Coaching Association (ECA), International Association of Coaching (IAC), e Center for Advanced Coaching (CAC), – 2015.

Leader Coach curso de extensão acadêmica Professional e Self Coaching (PSC), 2015; pós-graduada em Capacitação Tecnologia Educacional EPICT, 2013; MBA testes em software – Unieuro, 2009.

Graduada em Pedagogia com habilitação em Orientação Educacional – Unicesp, 2004. Administração de Sistema de Informações Uneb, – 1996.

Contato

E-mail: monicacarneiro.coach@gmail.com

Instagram: monicacarneiro.coach

Mudanças promovem mudanças

Saia da zona de conforto despertando as mudanças necessárias em sua vida

Despertar para mudanças para muitos não é uma decisão tão simples. Muitos pensam que todos os problemas podem ser resolvidos sem a necessidade de sentir dor. Mas, se tudo fosse dessa forma, cairíamos em um sério risco de não haver aprendizado e muito menos a nossa evolução de forma concreta.

Quando falo em dor, não estou associando ao sofrimento, ou as questões negativas. Estou falando de transformação, de sair de um fluxo de energia e entrar em um novo que pode nos levar a novos caminhos. Por exemplo, uma nova casa, um novo relacionamento ou trabalho, entre diversas outras mudanças que podem ocorrer para melhorar a nossa vida, mesmo que muitas vezes as negligenciamos para nos manter em uma zona de conforto que não nos leva à evolução.

Eu sou Mônica Carneiro, neste capítulo do livro *Despertar do Mestre* vou convidá-lo a entender a importância de ter coragem de mudar, de se reinventar sem medo de falhar. Digo isso pois sou uma mulher que durante algum tempo se viu presa a uma zona de conforto, mudar exigiu de mim: autoconhecimento e ação para tornar possível aquilo que eu acreditei que seria a tão desejada virada. Aprendi como superar e gerar transformações positivas em minha vida. Tenho certeza que durante a leitura de todo este livro você terá *insights* fantásticos de como despertar mudanças valiosas em seu mundo.

A mudança vai nos colocar no lugar em que queremos ir, pois quando estamos na zona de conforto resistimos em enfrentar os obstáculos para alcançar o que desejamos.

Mônica Carneiro

Minha primeira formação foi em Administração de Sistemas de Informação, porém minha carreira profissional passou por diversos caminhos. Fiz alguns cursos e formações ligadas a Educação, Psicologia, PNL (Programação Neurolinguística) e Coaching. Com isso pude descobrir a minha verdadeira missão: ajudar as pessoas a serem o melhor que elas podem ser.

Atendendo como *coach*, observei que a maioria das pessoas pensava como eu antigamente. Sabe aquelas pessoas que vivem sempre a mesma situação? Mudam o cenário e as pessoas, mas o enredo é o mesmo. Medo de sair da zona de conforto, medo de entrar em ação e promover mudanças em sua vida.

Cheguei à conclusão de que a falta de autoconhecimento e aprendizado dificilmente levaria à transformação necessária para que as mudanças acontecessem de fato. E foi pensando dessa forma que criei o seguinte ciclo:

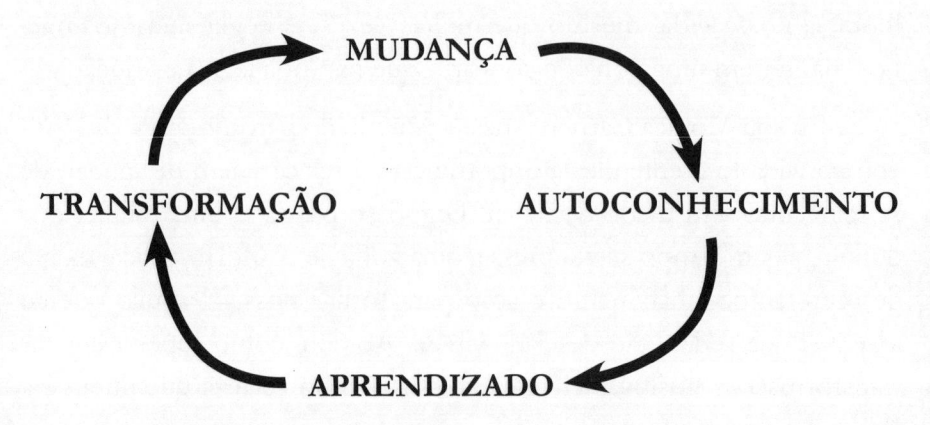

MUDANÇA → AUTOCONHECIMENTO → APRENDIZADO → TRANSFORMAÇÃO → MUDANÇA

Mudança sempre necessitará de **Autoconhecimento**, que criará oportunidade para o **Aprendizado** com a situação que está sendo enfrentada e assim gerar a tão esperada **Transformação**.

Cada momento nesse ciclo nos conduz a outro. Reconhecendo e identificando a intenção positiva dos acontecimentos, nos conduzirá a uma postura madura para enfrentar o desafio de mudar.

A mudança que inicialmente provocava resistência e medo agora se revela uma oportunidade para fazer algo de forma diferente, ou criar soluções mais produtivas e ânimo para que seja mais uma etapa em direção àquilo que se deseja alcançar.

Para você compreender quão importante significa fazer mudanças e o quanto ela poder dar "mais vida para nossa vida", faço uma brincadeira com um acróstico, que é uma composição poética, na qual as primeiras letras da palavra MUDANÇA, quando lidas em outra direção, formam uma outra palavra ou frase que permitirão ampliar essa ideia.

Veja como fica essa junção de outras palavras a partir da palavra mudança:

Motivos para mudar

Um ser em outro

apren**D**izado

zon**A** de conforto

auto co**N**hecimento

transforma**Ç**ão

p**A**radigmas

Sucesso

Poderíamos acrescentar tantas outras palavras, mas vou priorizar estas, para que se possa perceber que a única pessoa que pode se transformar naquilo que deseja ser: é você!

Convido-o agora a refletir comigo sobre cada uma dessas mensagens e acredito que com as informações a seguir você conseguirá criar seu Ciclo de Mudanças, sair da zona de conforto e assim despertar a melhor pessoa que existe em você.

Motivos para mudar

Esses motivos precisam ser fortes o suficiente para dar MOTIVO para AÇÃO.

O meu motivo foi buscar a minha realização profissional. Trabalhar com algo em que eu acreditasse e fizesse sentido. Com o processo de coach foi possível fazer uma ação pontual, pois eu tenho dois grandes recursos: o uso das perguntas poderosas alinhadas com as técnicas de autoconhecimento. A partir desse momento foi possível verificar a condução dos resultados. Trilhar novos planos de ação com base na realidade, com projeções conscientes, permitindo ajustes necessários durante a execução e a realização das ações para gerar a mudança desejada.

Não basta apenas querer mudar, é preciso ter um planejamento para que as ações sejam executadas de forma a conduzi-lo ao lugar desejado. Ter a consciência de que a cada subciclo que fecho, outro se abre para que eu possa amadurecer e chegar ao que desejo.

Não basta gostar de ajudar as pessoas, é preciso saber como fazer isso. Essa foi a minha grande descoberta, além de ser uma boa ouvinte, hoje disponho de recursos que podem ajudar as pessoas a gerar a mudança que tanto desejam.

Um ser em outro

Quando nascemos, aprendemos a conviver e a nos relacionar com as pessoas que estão a nossa volta, independentemente do grau de parentesco, e à medida que vamos crescendo também vamos nos adequando às regras. Com a idade escolar é dado o início aos relacionamentos que saem da esfera familiar e onde somos submetidos a novas regras. As adaptações ocorrem pela necessidade de criarmos vínculos ou para sermos aceitos pelos outros.

E cada fase da nossa vida serve como apoio para o momento seguinte, considerando que não houve queima de etapas, a lógica da vida segue seu fluxo normal. Acredito que a adolescência seja a fase mais borbulhante de transformações. Tanto física, com os hormônios e descobertas que o corpo pode sentir, como pelas emoções afloradas, com dúvidas, vergonhas e uma rebeldia que se identifica com os amigos. E como um ser que nasce tão frágil se transformou em uma pessoa tão questionadora? Quem planejou essa mudança? As fases determinam ou pelo menos definem comportamentos que fazem parte de cada momento da vida.

E avançando temos a fase adulta, marcada pela correria para alcançar sucesso e perceber que também adquirimos uma grande quantidade de responsabilidade. E envelhecemos! Quando foi que nos conhecemos? Quando foi que procuramos entender quem somos? Talvez quando as pressões nos adoecem. Adoecem nosso corpo e nossa mente. É neste momento que vamos buscar alternativa que nos conduza para um caminho que possa nos levar a uma mudança necessária e desejada.

E nesse caminho percebemos que hoje eu não sou a mesma pessoa que fui ontem, não serei a mesma amanhã, pois sou um ser em evolução contínua. Carregando marcas, valores, experiências que me levam a uma transformação constante. Aprendendo a respeitar o meu tempo e o tempo do mundo a minha volta.

Aprendizado

Toda e qualquer mudança o conduz a um aprendizado. Você pode resistir, porém chega um momento em que será preciso agir. A sua atitude perante as adversidades vão definir o tempo que irá levar para aprender.

Mesmo as situações mais desafiadoras e negativas que passamos podem nos ensinar e nos levar à evolução. Procure aprender, com a simplicidade de ver o sol nascer até com a complexidade de entender a origem do universo.

Fernando Rosa sempre cita em seus treinamentos que conhecimento é algo que ninguém pode roubar de você. Investir em aprendizado, aprender com cada acontecimento é fundamental para você entrar em um ciclo de mudança próspera.

Ao iniciar a leitura desta obra, você está investindo em aprendizado e temos que buscar aprender todos os dias. Acredito que este seja o único caminho para alcançar o que se deseja. Pois à medida que vamos adquirindo mais conhecimento, adquirimos recursos intelectuais que farão com que tenhamos discernimentos para o que falar e a forma de como agir diante dos acontecimentos.

Zona de conforto

Esta é uma área muito querida e perigosa. Nela temos o domínio, não existe o medo de errar e com toda certeza nos mantemos no mesmo lugar. Mas temos que ter cuidado quando ela se torna uma zona de conforto que começa a prejudicar o crescimento intelectual e social. E a nossa arrogância e prepotência se tornam um comportamento que impede de irmos para frente em nossa vida.

Neste lugar temos a falsa sensação de segurança, de controle e que nos leva a questionar se é necessário mudar. E, embora os resultados não sejam os esperados, as justificativas e a culpa alheia reforçam o pensamento que explica os acontecimentos, as coisas eram feitas dessa forma e deu certo, qual seria a necessidade de fazer diferente?

A zona de conforto limita o seu potencial e o cega para as oportunidades. Há mudanças que são favoráveis e outras podem trazer dor, tristeza e a incerteza do futuro.

Mas entre permanecer onde está e movimentar-se, siga a segunda sugestão, pois esta dará um novo sentido as suas escolhas e produzirá movimentos necessários para fazer acontecer o primeiro passo.

Autoconhecimento

Acredito que este seja o maior desafio do ser humano, se autoconhecer. Julgamos que nos conhecemos e somos surpreendidos com reações diferentes para uma mesma situação. Desconhecemos o motivo pelo qual agimos dessa forma, e sempre temos as mais variadas desculpas que podem justificar todo esse comportamento.

Dessa forma, chega um momento em que precisamos assumir as responsabilidades diante das nossas atitudes e é nesta hora que se torna prudente parar e dispor de tempo, boa vontade e amor para avaliar a necessidade de se autoconhecer. Mudar velhos hábitos, aprender a ouvir mais e a falar menos, como também evitar resolver situações com as emoções afloradas.

E quando percebemos que o único caminho a seguir é a mudança, observando que as antigas atitudes deixam um rastro de lembranças desagradáveis, além das marcas que carregamos pelas nossas escolhas erradas. Quando finalmente entendemos que a nossa vida é feita de escolhas precisamos escolher rever quem somos.

Agora não nos resta olhar o passado e trazer os sentimentos de vergonha, tristeza, derrota , decepção, arrependimento e mágoa para os dias atuais. Tudo isso acaba com a esperança do presente. Olhar positivamente para o passado permite entender que toda experiência deixa um aprendizado. E saiba que é injusto cobrar de você mesmo pelos resultados das suas escolhas no passado, uma vez que os seus recursos hoje são diferentes dos daquela época.

O autoconhecimento o conduz ao amor próprio. Só podemos compartilhar com o outro aquilo que temos, não existe amar alguém sem antes experimentar esse amor. E da mesma forma o perdão, o respeito e tantas outras sensações que trocamos com as pessoas próximas. Tudo começa por nós!

Transformação

Se separássemos essa palavra e formássemos outras duas, TRANSFORMA e AÇÃO, ficaria fácil compreender o quão forte é, e entender que a transformação que desejamos começa dentro de nós. Eu preciso sentir e entender que essa transformação vai proporcionar as emoções para a concretização do meu sonho.

Normalmente essa transformação gera valor de agregação, pois cada situação pode ser usada como uma lição de crescimento. E fazendo essa observação podemos afirmar que nos transformamos o tempo todo!

De tudo se pode tirar alguns aprendizados: "Você viveu! Você realizou! Embora o resultado não tenha sido o esperado, você agora sabe o que não fazer, dessa forma não irá cometer os mesmos erros, mas novos erros que o levarão à correção. Os erros significam aprendizado e mudança!

Não existe pessoa que não erre. Ninguém nasce sabendo, apenas nos posicionamos em não aprender, ficamos em nós mesmos, dentro dos limites da nossa arrogância.

Paradigmas

Etimologicamente, este termo tem origem no grego paradeigma, que significa modelo ou padrão, correspondendo a algo que vai servir de modelo ou exemplo a ser seguido em determinada situação.

Fonte: https://www.significados.com.br/paradigma/

Com base neste conceito, acredito que você já tenha ouvido falar que é preciso quebrar alguns paradigmas. Na reconstrução muitas vezes é preciso atitudes diferentes. Superar as nossas limitações, encontrar as nossas respostas que já existem dentro da gente, só precisamos aprender a encontrá-las.

Este é mais um passo necessário para que seja possível alcançar a mudança, nos fazer felizes, nos oportunize reescrever a nossa história e que nos conduza ao melhor de nós mesmos.

Sucesso

Carlos Hilsdorf, em seu livro *Atitudes Vencedoras*, trata de sucesso de uma forma que mais do que tê-lo é saber que o sucesso está ligado àquilo que realiza.

Compartilho o trecho:

"Sucesso é o título da biografia daquele que sabe querer o que deve querer, abster-se do que deve abster-se e conquistar o que deve e pode conquistar em sua vida pessoal e profissional.

Sucesso não é a fama, não é o patrimônio material, não é o lugar de destaque na hierarquia, não é sequer o que chamamos de felicidade, sucesso é o que resta se tudo isso se perder. Sucesso é o que não pode ser tirado de você, é a sua essência realizada!"

O ciclo da mudança proporciona mudança, esse resultado traz uma sensação de realização, e que para muitos é definida como sucesso. Este conceito com que iniciei esta última palavra do meu acróstico define o que a grande maioria das pessoas deseja conquistar.

Sucesso é em sua grande parte formada por fracasso, e o que define se você vai conseguir senti-lo ou não será a sua persistência e consistência em fazer o que precisa ser feito e que leve o tempo necessário para se realizar.

O sucesso está diretamente ligado naquilo que você acredita verdadeiramente.

Conclusão

Quando pensamos em mudanças não nos damos conta que estamos fazendo isso o tempo todo. Há mudanças que temos percepção de que elas estão acontecendo, e dessa forma temos condições de opinar, relutar e até adiar. Mas existem outras que nos acontecem independentemente da nossa vontade, por exemplo: envelhecer.

Admitir essa verdade dói! Pois aqui não existem culpados por aquilo que você não conseguiu realizar. Reconheço que mudar não é fácil. Descontruir-se para se reconstruir dentro de uma incerteza do que pode ou não dar certo, sem garantias de que seja a melhor direção a ser seguida, assusta! Mas também gera uma mistura de sentimentos:

dúvida, euforia e desejo. E como tudo isso pode acontecer de uma forma mais segura?

Eu descobri que o processo de Coaching na minha vida e na vida das pessoas que atendo tem permitido realizar muitas coisas em um pequeno espaço de tempo e com mais assertividade. Lembrando que o autoconhecimento faz a liga primordial para os resultados avançarem.

Observei que ninguém muda de uma hora para outra, num simples estalar de dedos. O aprendizado precisa ser experimentado e avaliado como positivo, ou pelo menos, em uma parcela maior de vantagens para que seja aceita. A mudança verdadeira é internalizada e forte o suficiente para ser vivida.

Mude! Seja a sua melhor versão! Na vida não existe tempo para passar a limpo a sua história, pois você recebe todos os dias o PRESENTE para viver.

Tudo isso faz sentido para você?

Perguntas para despertar

1) Como você se define hoje?

2) Você sente que está vivendo em uma zona de conforto?

3) Qual é a mudança que deseja alcançar?

4) Qual foi o maior aprendizado que você teve nos últimos sete dias?

5) O que o faz se sentir realizado?

6) De zero a dez, o quanto você se ama?

Assista minha videoaula sobre este capítulo, acesse:

www.despertardomestre.com.br/livro-videos

14

Rubens Neves

Flow, o caminho para a felicidade autêntica

O que é a felicidade?

Rubens Neves

Psicólogo – Fundec (Faculdade Dracenense de Educação e Cultura); contador – CESD (Centro de Ensino Superior de Dracena); *coach* com certificações internacionais pela Global Coaching Community (GCC), European Coaching Association (ECA), Brazilian Coaching Institute (IBC), International Association of Coaching (IAC) e Center for Advanced Coaching (CAC). Analista Comportamental e Analista 360º – Instituto Brasileiro de Coaching (IBC). Líder Coach – Despertar do Mestre (Instituto Rosa Mestre). Mestre; maratonista; aprendiz.

Contato
Telefone: (18) 98119-9358
rubensneves@construindomeucaminho.com.br
https://www.linkedin.com/in/rubens-neves-68b255150/
YouTtube, Facebook, Instagram: Rubens Neves Psicologo

Flow, o caminho para a felicidade autêntica

O que é a felicidade?

Quando criança nós temos certeza sobre o que é felicidade, claro que é brincar, comer doce, ou seja, prazeres rápidos e fáceis de serem saciados. Conforme vamos nos inserindo na vida escolar e profissional, deixamos a nossa simplicidade e a complexidade toma lugar e para ser felizes criamos uma lista interminável. Chegando ao ponto que esquecemos dos nossos sonhos e desejos de crianças, e por vezes nos tornamos amargos devido à racionalidade na maneira de viver. Pensar em brincar, sorrir, ficar ocioso não é conveniente para o adulto que nos tornamos.

Eu acreditava que possuir dinheiro era fundamental para ter felicidade, imaginava que uma boa situação financeira resolveria todas as dificuldades da vida. Claro que para mim fazia sentido essa crença porque era o sofrimento que vivenciava no meu mundo. O dinheiro se encaixava perfeitamente ao quebra-cabeça da minha vida. Mas com o passar dos anos, saindo da adolescência, fazendo parte do mercado de trabalho, vendo todas as circunstâncias da vida, percebi que essa crença era equivocada, porque tive a oportunidade de conhecer pessoas que tinham dinheiro, mas não eram felizes pela falta de outros componentes da vida, por exemplo, amigos, família, saúde, equilíbrio emocional, espiritualidade etc.

Conheci a Psicologia Positiva no terceiro ano de Faculdade de Psicologia, quando estava passando por um quadro de estafa. O que me atraiu neste campo do conhecimento foi a constatação de que todos nós temos forças e virtudes e que potencializadas nos levarão ao estado de *flow*, que é elemento essencial de uma vida plena, em que o objetivo é o florescimento, ou seja, criar músculos emocionais, que nos tornam pessoas resilientes e com sentido na vida, sabendo qual a nossa missão.

Minha história

Sou o filho mais velho de três irmãos, na minha adolescência fui influenciado pela convivência no meio evangélico e pelo hábito da leitura, saí da casa dos meus pais aos 18 anos e fui morar em Campinas, interior de São Paulo, na esperança de crescer profissionalmente.

Morei dois anos nessa metrópole, onde tive experiências que me marcaram muito. No tempo certo abriu-se uma porta de emprego na cidade de Dracena (SP), casei-me com a Marli, minha namorada, amiga e parceira em vários sonhos. Após alguns anos, surgiu a oportunidade de ser proprietário da empresa e encaramos este desafio.

Em 2011, aos 45 anos, resolvi fazer faculdade de Psicologia, tendo como meta a Psicologia organizacional, ou seja, trabalhar com treinamentos e palestras, almejando no futuro ser alguém que ajuda as pessoas a vencerem as suas dificuldades socioemocionais, vencerem muitas dificuldades que eu mesmo consegui vencer.

Meu desafio

Em 2013 estava no 2º ano da faculdade, trabalhando em minha empresa, sendo voluntário em trabalhos em minha comunidade religiosa, com um filho fazendo uma faculdade particular (com grande sacrifício para o pagamento), uma filha fazendo curso preparatório (com sofrimento para pagar e ansiedade pela aprovação).

Então nessa época comecei a sentir sintomas de um stress, o que para mim foi algo novo, porque sempre tive energia para enfrentar todos os desafios que se apresentassem. Essa estafa se apresentava com estes sintomas: não tinha um sono agradável, acordava cansado, nas festas ficava pelos cantos em silêncio, pensando nas dificuldades, e muitas vezes acordava à noite com o seguinte pensamento: "Por que este sofrimento? Até quando? Por que as coisas boas não estão acontecendo comigo?"

Estava entrando em um quadro depressivo, minha esposa, que já atuava na clínica, chamou minha atenção dizendo que eu precisava fazer algo, pois os outros já estavam percebendo que eu não estava bem. Isto me fez pensar, como estava fazendo o curso de Psicologia, brinquei comigo mesmo: "Pronto, agora você tem o seu primeiro paciente, boa sorte".

A faculdade em que eu estudava era adepta da linha Cognitiva Comportamental, que significa que mudando as cognições (pensamentos) conseguimos gerar as mudanças comportamentais (atitudes), o que levará o nosso cliente ao caminho do autoconhecimento, onde ele, através de uma mudança consciente de pensamentos e atitudes, terá uma melhora em sua qualidade de vida emocional.

Uma das técnicas dentro da terapia seria a mudança de foco, então resolvi que precisava achar uma atividade que gerasse esta mudança, mas fazer o quê? Falar para a pessoa mudar o foco é fácil, mas quando a pessoa está sem energia as palavras perdem seu efeito, por isso resolvi seguir o conselho de minha professora Claudia Parra, que dizia: "Fale para o cliente pensar o que precisa ser feito e fazer, mesmo sem ter vontade, porque no quadro depressivo o que você não terá será a vontade de fazer, então faça porque é o certo".

Pensei em algo que eu pudesse fazer cedo, uma caminhada antes do trabalho parecia ser a solução perfeita, também o fator financeiro contava, caminhada é grátis. Conversando com um irmão da comunidade sobre o meu stress, ele fez o convite que mudaria o rumo da minha vida, ele me convidou para ir correr com ele. Fiquei animado, até fazer a pergunta que me desanimou: "Que horas nós vamos sair?" Ele respondeu: "Vamos sair às 5h30 da manhã". Respondi: "Muito cedo, não vai dar".

Pensei comigo: "Correr de madrugada é coisa de louco", ainda não sabia que louco é o elogio que os corredores sempre ouvem e adoram.

Falei para o amigo que iria pensar sobre a proposta e continuei sem fazer nada e cada dia mais desanimado, mais para baixo e sem energia. Então em uma manhã deitado na cama às 6h, observei que acordar cedo e ficar ruminando na cama já era uma rotina, eu só não me levantava, então pensei: "Nesta hora meu irmão está correndo e eu aqui fazendo parafuso de pensamentos, que tal sair, andar e ver o que acontece?" Levantei e coloquei um tênis velho, camiseta folgada e fui andar. Correr já era demais, andei por meia hora, fiquei admirado com a escuridão e o silêncio, me senti bem com aquela paz, da madrugada, ao voltar suado e ofegante, tomei um banho e posso dizer que o que senti debaixo daquele chuveiro foi o sentimento responsável por uma grande virada na minha vida.

Li em algum lugar que existe *insight*, que é uma ideia que surge em algum momento, e existe a epifania, que é uma ideia ou pensamento, que opera uma grande mudança para toda a vida. Foi o melhor banho depois de muito tempo, saí relaxado e alegre, trabalhei aquele dia com mais ânimo e disposição, com mais positividade e clareza. Este foi o adeus a minha vida de sedentário, meu momento de epifania e o início de uma vida de atividades físicas que me trouxe muita realização e momentos de *flow*.

Toda semana aumentava o trajeto, até chegar a um percurso em linha reta em que a ida e a volta duravam quase uma hora. Quando consegui chegar nessa distância, resolvi trazer pequenos troféus, que eram folhas de árvores do destino aonde havia chegado. As folhas eram minhas âncoras, que guardo até hoje com muito orgulho, em algumas eu escrevi as datas e o percurso e o nome dos companheiros de caminhada.

Estava sempre lendo artigos que me ajudassem a persistir na mudança. Um deles foi da psicóloga Monica Portella falando sobre a Psicologia Positiva, *flow* e sobre uma pesquisa que dizia que o trio da saúde, segundo pesquisas, seria ter bom sono, boa alimentação e atividade física. Aquele assunto fez todo o sentido para o momento que eu estava vivendo, pois por conta das caminhadas estava dormindo melhor, estava com melhor apetite e com mais disposição.

Psicologia positiva

O psicólogo Martin Seligman, quando foi eleito presidente da Associação Americana de Psicologia, decidiu colocar como bandeira de sua administração o estudo das forças e virtudes do ser humano com as pesquisas centradas na Psicologia Positiva.

A proposta da Psicologia Positiva é um retorno a suas origens, em que saímos do modelo médico da doença para estudar o ser humano dentro das suas potencialidades. Aquilo que está dando certo e como fazer para potencializar estas forças, ver a pessoa que está saudável emocionalmente e ajudá-la a florescer, ou seja, crescer, não somente tratar o depressivo, mas levá-lo a sair de um quadro de estar apenas bem, mas estar bem e criando músculos emocionais, ajudando a pessoa a ser realizada até sentir a felicidade plena.

Em parceria com o psicólogo Mihaly Csikszentmihalyi, iniciaram os trabalhos em torno da Psicologia Positiva. Muitos outros colaboradores se juntaram a esses pioneiros e muito material foi escrito sobre o estudo científico da felicidade, das forças e virtudes do ser humano.

Para a Psicologia Positiva, é importante potencializar as forças e virtudes do indivíduo, ao invés de centrar a atenção nas suas fraquezas. Seligman observou que talentos natos não motivam outras pessoas, mas a dedicação, o esforço em crescer servem de inspiração para todos os que observam esse crescimento.

Em suas pesquisas ele estudou o peso e a influência das circunstâncias da vida do indivíduo como fatores para aumentar a felicidade e bem-estar; observou em seus estudos que dinheiro, casamento, doenças, sexo, clima, influenciavam no aumento da felicidade, mas em um nível muito menor do que o imaginado. Ele comprovou isso em anos de pesquisas com um grande número de pessoas e comparando países com diferentes situações sociais e financeiras.

Em suas pesquisas Seligman constatou que a felicidade de um indivíduo pode ser demonstrada segundo esta fórmula: $F = H + C + A$

Felicidade = hereditário + circunstâncias + atitudes, em que:

— Hereditário: 50%

— Circunstâncias: 10%

— Atitudes: 40%

Observem o peso das nossas ações e atitudes em relação ao que a vida nos proporcionou. Porque o lar onde nascemos não está dentro das nossas possibilidades de controle. As circunstâncias que são a condição financeira, as doenças, a economia do país são condições de muitas surpresas. Mas, através de nossas ações intencionais, do nosso autoconhecimento através de reflexões, cursos e treinamentos, nós criamos músculos emocionais para lutar com o que a vida colocou no nosso caminho.

Destacando também a força de ter uma vida com prazeres moderados, muitas oportunidades de gratificação, ou seja, uma vida com engajamento, com *flow* e com significado.

Flow

Mihaly Csikszentmihalyi foi o criador da teoria do *flow*, que seria um momento de extrema concentração em uma tarefa, sendo que nesta situação o indivíduo praticamente não vê o tempo passar e no final ele tem o que se pode chamar de um momento de felicidade consigo mesmo, pela missão concluída, pelo esforço realizado, pela conquista pessoal.

De maneira diferente do que normalmente pensamos, os melhores momentos de nossas vidas não são passivos, de calmaria, nossas melhores lembranças costumam ocorrer quando a nossa mente e corpo estavam completamente empenhados em um esforço voluntário para realizar algo difícil e que valia a pena (para nós), então este momento de bem-estar é algo que nós fazemos acontecer.

Condições para a ocorrência do flow

Metas claras e feedback imediato

O alpinista quer chegar ao topo da montanha sem cair, mas a cada minuto, hora após hora ele tem informação sobre se está alcançando sua meta.

Equilíbrio entre habilidade e desafio

Se a habilidade for maior que o desafio igual a tédio, se o desafio for maior que a habilidade igual a ansiedade.

O corredor que deseja no primeiro dia correr mais do que o seu treinador pede vai sofrer, também o corredor que pode correr uma distância maior, mas o treinador segura, terá tédio.

Sensação de controle

O fato de o alpinista estar bem treinado lhe dará uma segurança naquilo que está fazendo, não quer dizer que ele tem o controle absoluto, mas tem a possibilidade do controle.

Concentração profunda

É a sensação de estar no piloto automático, nada mais existe, é como se não precisasse fazer nenhum esforço, faz naturalmente.

Foco no presente

Neste momento todos os problemas da vida rotineira desaparecem, a atenção está toda no momento presente, cessam as ruminações do dia a dia.

Distorção da experiência temporal

O tempo parece parar, acelerar ou lentificar, as horas passam como se fossem minutos e os minutos podem se prolongar como se fossem horas.

Perda da autoconsciência reflexiva

Esquece de sua individualidade, nome, cargos, títulos, atenção total na ação proposta.

Experiência autotélica

A experiência em si é tão agradável, que o indivíduo vai fazer de tudo para repeti-la, não necessita de recompensa extrínseca (pagamento), a justificativa para fazer novamente é a experiência em si.

Foco

Voltando a minha história com as caminhadas, lembram-se que o meu amigo me chamou para correr às 5h30 da manhã? Pois bem, eu disse que este horário não era para mim, mesmo estando com muita vontade de aprender a correr. Pois passados alguns meses de caminhada comecei a sonhar com a possibilidade de correr 5 km. Participando de uma equipe e com uma planilha eu consegui correr e senti a emoção de conhecer o sentimento de *flow*, ou seja, eu fiquei totalmente engajado nesta meta, pude desfrutar de todas as etapas do alto desempenho.

Animado pelos resultados físicos e emocionais, continuei querendo mais, em 2014 corri a São Silvestre, que são 15 km, vocês imaginam a alegria de estar no meio daquela turma fazendo algo que parecia impossível até poucos meses antes, arrepiei, gritei, fiquei feliz.

Ao ler um artigo do dr. Dráuzio Varella em que ele dizia ter treinado para correr uma maratona aos 50 anos para mostrar a um amigo que a vida não declinava nessa idade, fiquei inspirado a correr uma maratona também aos 50 anos.

Treinei durante quatro meses, com muita dedicação e esforço, e levantando às 5h da manhã, e o mais incrível levantando disposto, com vontade de superar esse desafio, então, no dia 15 de junho de 2015, corri a Maratona de Porto Alegre, aos 50 anos, 4 horas e 40 minutos de corrida e muita concentração, e no final o abraço da família.

Você acredita que pode?

Participei de muitos eventos de desenvolvimento pessoal e tive a satisfação de conhecer o Fernando Rosa Mestre, que me convidou para fazer parte desta obra. Não tive dúvidas, é a minha missão ajudar as pessoas e participar de projetos que potencializam o que os indivíduos têm de melhor.

Segundo o psicólogo Albert Bandura, todos nós temos condições de desenvolver, aumentar a nossa autoeficácia, através das seguintes estratégias:

- ✓ Aumente seu conhecimento sobre o seu sonho pretendido;
- ✓ Observe as situações em que você foi vencedor;
- ✓ Tenha modelos de sucesso na sua área;
- ✓ Tenha um mentor para convencê-lo de que você pode;
- ✓ Coloque emoção no seu sonho (qual a alegria que você terá ao alcançar esta meta).

Convido você, caro leitor, a praticar essas estratégias. E fica o convite para vivenciar todos estes conhecimentos no treinamento presencial Despertar do Mestre. Através de técnicas, ferramentas e vivências emocionais que ajudarão no seu autoconhecimento e na potencialização das habilidades que você já possui. É a construção de um novo eu, com mais clareza e segurança para dar significado a sua missão nesta vida.

Para assistir à videoaula sobre este capítulo, acesse:

www.despertardomestre.com.br/livro-videos

Forte abraço.

15

Sidnei Rodrigues

Estudante da escola da vida

Aprendizado com o conhecimento e a educação eternamente

Sidnei Rodrigues de Andrade

Bacharel em Biblioteconomia e Ciência da Informação – Fundação Escola de Sociologia e Política de São Paulo. Leader Coach – Despertar do Mestre (Instituto Rosa Mestre).

Contato

E-mail: sidsapiens@hotmail.com

https://www.linkedin.com/in/sidnei-rodrigues-de-andrade-a53b0950/

Estudante da escola da vida

Aprendizado com o conhecimento e a educação eternamente

"Esse amor pela leitura, essa é a minha vontade de aprender [tendo humildade e afeto], e de explorar novos mundos se destacam de tal forma em minha memória afetiva, que simplesmente não consigo imaginar uma [vida] sem livros".

John Wood

Na década de 1980, eu era uma criança que adorava brincar e descobrir o mundo. Não tinha noção da imensidade de descobertas que poderia aprender e conhecer. Este texto descreve meu amor por esses dois conceitos que sempre estiveram ao meu lado, em momentos importantes em minha vida profissional e pessoal: **o Conhecimento** e **a Educação**.

Conhecimento é o ato ou efeito de conhecer algo. Possui dois elementos básicos, o sujeito e o objeto, sendo um o indivíduo que tem a capacidade de adquirir o outro, que é o conteúdo que se pode conhecer.

A Educação gosto de refletir como sendo o processo de aprender e ensinar. Para educar alguém você precisa ser educado primeiramente. Inicialmente você absorve ou desenvolve algum conhecimento, se educa e com isso poderá levar o conhecimento para o outro.

Importante destacar que Educação e Conhecimento são processos de via dupla. Ao mesmo tempo que você educa, está sendo educado. Quanto mais você transfere seu conhecimento, mais você aumenta seu domínio no assunto.

Meu nome é Sidnei Rodrigues, é com muito orgulho que contribuo com esta obra literária, em parceria com Fernando Rosa Mestre e demais autores. Podendo levá-lo, meu caro leitor, a uma viagem que acredito que será só de ida. Nas próximas páginas, você será convidado a adquirir um vício que muitos que participam do treinamento Despertar do Mestre têm. O vício da leitura, da sede de conhecimento, da vontade de ensinar, educar, desenvolver e fazer a diferença na vida do próximo. Vem comigo, tenho certeza que juntos teremos uma experiência fantástica.

Como tudo começou

Quando criança, estava em minha casa, onde me divertia com meus brinquedos. Era final da tarde, horário em que geralmente os pais responsáveis por seus filhos chegam em suas residências para reencontrar suas famílias após um dia de trabalho.

Meu pai, senhor Sebastião José de Andrade, chegou e como sempre trazia em suas mãos um pacote, achei que seriam seus pertences pessoais, mas aquele pacote era diferente. Nem imaginava que o que tinha ali dentro seria o passaporte de entrada a um mundo de imaginação e sabedoria. Que a partir daquele dia poderia ouvir várias excelentes vozes, que não conhecia em minha pequena história de vida, ampliando meu horizonte.

Papai fez suas saudações a sua esposa, a senhora Ana Luiza Rodrigues de Andrade, e ao meu irmão mais novo. De repente veio falar comigo, entregou em minhas mãos o estranho pacote, que continha o meu primeiro incentivo do hábito da leitura: as histórias em quadrinhos da Turma da Mônica, de Mauricio de Souza.

Aquele presente foi inesquecível, para mim foi uma grande realização lúdica e afetiva, porque iria aprender a descobrir vários universos que desconhecia. Comecei apenas lendo 20 gibis da Turma da Mônica, depois disto não parei mais de ler. Queria ler mais aquelas histórias dessa grande turma infantil brasileira que influenciou diretamente várias crianças a adquirirem o hábito da leitura.

Esse simples ato transformou a minha vida, passei a ser uma pessoa com vontade de aprender e compartilhar conhecimento com todos do Planeta Terra. Há uma reflexão que sempre digo:

"Um conhecimento e informação que você compartilhar podem mudar e transformar a vida das pessoas ou de uma nação".

O segundo incentivador

Com o hábito de ler semeado na minha mente e em meu coração, tive a imensa vontade de conhecer mais desse mundo literário. Já estava me preparando para ir à escola para estudar no Ensino Fundamental 2. Depois do meu pai, o ambiente escolar foi o segundo incentivador, que me ajudou a afeiçoar esse amor ao conhecimento e à Educação.

Considero uma das melhores profissões a daqueles que dedicam suas vidas em prol do desenvolvimento dos seres humanos, desta sociedade brasileira contemporânea. Não há um reconhecimento devido a todos eles, mas fazem um papel fundamental na vida de quaisquer seres humanos: os professores.

Minha primeira professora do Ensino Fundamental 2 tinha o hábito de levar os seus alunos em um local que foi e é fundamental para minha evolução: a Biblioteca Escolar. Quando entramos naquele ambiente, onde havia milhares de livros organizados pelas estantes, não sabia por onde começar. Foi naquele momento que encontrei meu primeiro livro infantil que tive oportunidade de rever aos 28 anos no local de trabalho: *Maneco Caneco Chapéu de Funil*, de Luis Camargo.

Esse foi o primeiro livro infantil que li, tenho muito orgulho em compartilhar com você, pois a partir dessa leitura conheci obras de outros autores brasileiros literários infantis que marcaram minha vida de estudante-leitor. São elas: *Menino Maluquinho*, do Ziraldo; *Marcelo, Marmelo e Martelo* e outras histórias de Ruth Rocha; e *Sítio do Pica Pau-Amarelo*, de Monteiro Lobato.

Aquela Biblioteca da Escola Pública Municipal que frequentava foi uma presença positiva para conhecer e aprofundar mais meu hábito de ler bons livros. A influência do meu pai (o senhor Sebastião José de Andrade) e a frequência nessa Unidade de Informação Escolar foram essenciais para minha formação profissional e pessoal.

Mudando de nível

Depois de ler vários excelentes livros infantis, encontrei um grande poeta brasileiro em minha vida. Não me lembro muito bem como foi esse primeiro encontro, porém, estava lendo uma de suas poesias que me tocou profundamente, e a partir deste dia nunca mais parei de ler este estilo literário que acredito deixar várias lacunas positivas de emoções e reflexões da vida. É considerado um dos melhores poetas do século XX, seu nome: **Carlos Drummond de Andrade.**

Fui procurar quais eram os outros livros desse grande poeta brasileiro, e a partir desta busca conheci e passei a frequentar a **Biblioteca Pública.** Tinha a maioria dos livros do Drummond, sempre li suas reflexões poéticas.

Outro autor literário brasileiro que fui presenteado com seus livros *Memórias Póstumas de Brás Cubas* e *Dom Casmurro*, e que considero um grande gênio do realismo brasileiro: **Machado de Assis.** Não é fácil ler, mas tive determinação em compreender sua narrativa que é bem provocativa e analítica. Comecei a admirar a arte de pensar sobre o cenário contemporâneo. Há três perguntas fundamentais que poucos indivíduos conseguem responder:

Como? Onde? Por quê?

Antes de começar a trabalhar em uma determinada empresa, fiz alguns cursos profissionalizantes, uns deles foi o de espanhol básico e uma colega de curso me presenteou com um livro de um grande filósofo e com direito a dedicatória. Até hoje é uma das minhas leituras favoritas, aprendi a afeiçoar meu senso crítico e o amor à arte de pensar. É um divisor de águas da filosofia grega: **Sócrates.**

Diálogo entre livros e leitores

Lembro-me de que imaginava um mundo onde todos os seres humanos poderiam viver em igualdade social. A percepção humana na sociedade brasileira não está sendo aprimorada, porque são poucos que têm a coragem e a persistência de compreender, por isso estamos nesta situação de desigualdade econômica e social. Aqueles que conseguem perceber e manifestam suas reflexões em palavras o fazem em nichos cada vez menores, e não expõem oralmente. Alguns não vão entender realmente a sociedade contemporânea, porque estão presos pela visão da ideologia e alienação.

A leitura é um ato solitário e às vezes podemos compreender as vozes das pessoas que estão sendo "faladas" num suporte de papel. A autora afro-brasileira do livro *Quarto de Despejo,* Carolina Maria de Jesus, menciona a seguinte afirmação:

"Quem não tem amigo, mas tem um livro, tem uma estrada".

Para sabermos os fatos históricos e sociais que aconteceram nesse cenário contemporâneo, devemos sempre ir a uma biblioteca. É o local perfeito para aqueles que procuram sempre afeiçoar suas habilidades emocionais e educacionais, onde está organizado e localizado qualquer tema do conhecimento humano em três tópicos: *autor, título* e *assunto*.

Há uma reflexão que descreve muito bem quando os indivíduos não têm facilidade em buscar informações, entretanto, são necessárias para transformar sua vida profissional e pessoal:

A verdadeira ignorância não é a ausência de conhecimentos, mas o fato de se recusar a adquiri-los.

Karl Popper

Essa reflexão indica haver muitos indivíduos que acham que não é essencial adquirir conhecimento e Educação, somente trabalho árduo é "importante" para seu desenvolvimento econômico e social. Fechar os olhos para sua instrução pessoal é um preço muito alto. As grandes decisões do mundo foram definidas por representantes sociais, que sabiam exatamente as palavras certas para serem ditas a sua demanda.

O ingrediente principal dos livros é feito pela percepção e a experiência dos seres humanos, e a visão que não temos diante desta sociedade da informação. Também contêm as memórias sociais e afetivas dos seres humanos que foram registradas e preservadas em bibliotecas.

A partir do momento que iniciei meu hábito de ler bons livros, me transformei em um Estudante da Escola da Vida, onde os livros são os melhores amigos, conselheiros e professores silenciosos, e consigo perceber realidades imaginativas que jamais pude conhecer e viver. Há uma reflexão do filme norte-americano *Patch Adams*, com Robin Williams, que vou parafrasear e diz assim:

Quando estamos lendo um livro, há um diálogo silencioso entre escritor, narrador e leitor. A história daqueles protagonistas vai impactar sua alma, caráter e afeto.

Robin Williams

Este diálogo entre livros e os leitores considero um eterno aprendizado de Conhecimento e Educação. Você que está tendo um diálogo com este livro agora, que tal dar continuidade e definir um livro que possa estimular ainda mais o seu hábito de ler?

Leia aquilo que satisfaça seu caráter e sua alma, não tenha medo e pressa, faça este aprendizado como uma ferramenta de desenvolvimento profissional e pessoal em sua vida.

Sempre tenho um lema quando estou lendo um livro, que diz assim:

"Ler é escutar a voz do escritor, por meio das letras dele. Percebemos sua realidade e o senso crítico em várias linhas do texto e dos parágrafos. Quando terminamos a leitura, a sensação é de continuar esta comunicação racional e afetiva".

Os meus mentores para o hábito de ler os bons livros foram

nesta sequência: **Meu Pai, os Professores, as Bibliotecas Escolar e Pública e os autores literários brasileiros** que mostraram para mim os caminhos e lições da Escola da Vida. Sem eles não seria possível ser um Cidadão-Leitor que tem a oportunidade de aprender e escutar várias excelentes histórias do Planeta Terra.

Devo sempre agradecer a minha família e às oportunidade que a vida pode oferecer para mim. Quero continuar sendo um bom ser humano que possa deixar um bom legado para as próximas gerações. Encerro este texto com umas das minhas reflexões favoritas:

"O Tesouro do Humilde é a Gratidão".

William Shakespeare

Para você, deixo aqui três perguntas para reflexão:

1) Qual foi a história que você leu e foi inesquecível, marcou sua vida?

2) Quais autores literários que você ainda não leu mas a partir de agora vai ler?

3) Qual é o livro que você vai ler e aplicar estes dois conceitos: Conhecimento e Educação? (absorver conhecimento e transmitir para alguém.)

Convido-o a assistir uma breve videoaula sobre este capítulo, basta acessar:

www.despertardomestre.com.br/livro-videos

UM LIVRO MUDA TUDO

REGISTRE seu legado

A Editora Leader é a única editora comportamental do meio editorial e nasceu com o propósito de inovar nesse ramo de atividade. Durante anos pesquisamos o mercado e diversos segmentos e nos decidimos pela área comportamental através desses estudos. Acreditamos que com nossa experiência podemos fazer da leitura algo relevante com uma linguagem simples e prática, de forma que nossos leitores possam ter um salto de desenvolvimento por meio dos ensinamentos práticos e teóricos que uma obra pode oferecer.

Atuando com muito sucesso no mercado editorial, estamos nos consolidando cada vez mais graças ao foco em ser a editora que mais favorece a publicação de novos escritores, sendo reconhecida também como referência na elaboração de projetos Educacionais e Corporativos. A Leader foi agraciada mais de três vezes em menos de três anos pelo RankBrasil – Recordes Brasileiros, com prêmios literários. Já realizamos o sonho de numerosos escritores de todo o Brasil, dando todo o suporte para publicação de suas obras. Mas não nos limitamos às fronteiras brasileiras e por isso também contamos com autores em Portugal, Canadá, Estados Unidos e divulgações de livros em mais de 60 países.

Publicamos todos os gêneros literários. O nosso compromisso é apoiar todos os novos escritores, sem distinção, a realizar o sonho de publicar seu livro, dando-lhes o apoio necessário para se destacarem não somente como grandes escritores, mas para que seus livros se tornem um dia verdadeiros *best-sellers*.

A Editora Leader abre as portas para autores que queiram divulgar a sua marca e conteúdo por meio de livros...

EMPODERE-SE
Escolha a categoria que deseja

■ Autor de sua obra

Para quem deseja publicar a sua obra, buscando uma colocação no mercado editorial, desde que tenha expertise sobre o assunto abordado e que seja aprovado pela equipe editorial da Editora Leader.

■ Autor Acadêmico

Ótima opção para quem deseja publicar seu trabalho acadêmico. A Editora Leader faz toda a estruturação do texto, adequando o material ao livro, visando sempre seu público e objetivos.

■ Coautor Convidado

Você pode ser um coautor em uma de nossas obras, nos mais variados segmentos do mercado profissional, e ter o reconhecimento na sua área de atuação, fazendo parte de uma equipe de profissionais que escrevem sobre suas experiências e eternizam suas histórias. A Leader convida-o a compartilhar seu conhecimento com um público-alvo direcionado, além de lançá-lo como coautor em uma obra de circulação nacional.

■ Transforme sua apostila em livro

Se você tem uma apostila que utiliza para cursos, palestras ou aulas, tem em suas mãos praticamente o original de um livro. A equipe da Editora Leader faz toda a preparação de texto, adequando o que já é um sucesso para o mercado editorial, com uma linguagem prática e acessível. Seu público será multiplicado.

■ Biografia Empresarial

Sua empresa faz história e a Editora Leader publica.

A Biografia Empresarial é um diferencial importante para fortalecer o relacionamento com o mercado. Oferecer ao cliente/leitor a história da empresa é uma maneira ímpar de evidenciar os valores da companhia e divulgar a marca.

■ Grupo de Coautores

Já pensou em reunir um grupo de coautores dentro do seu segmento e convidá-los a dividir suas experiências e deixar seu legado em um livro? A Editora Leader oferece todo o suporte e direciona o trabalho para que o livro seja lançado e alcance o público certo, tornando-se sucesso no mercado editorial. Você pode ser o organizador da obra. Apresente sua ideia.

A Editora Leader transforma seu conteúdo e sua autoridade em livros.

OPORTUNIDADE
Seu legado começa aqui!

A Editora Leader, decidida a mudar o mercado e quebrar crenças no meio editorial, abre suas portas para os novos autores brasileiros, em concordância com sua missão, que é a descoberta de talentos no mercado.

NOSSA MISSÃO

Comprometimento com o resultado, excelência na prestação de serviços, ética, respeito e a busca constante da melhoria das relações humanas com o mundo corporativo e educacional. Oferecemos aos nossos autores a garantia de serviços com qualidade, compromisso e confiabilidade.

Publique com a Leader

- **PLANEJAMENTO** e estruturação de cada projeto, criando uma **ESTRATÉGIA** de **MARKETING** para cada segmento;

- **SUPORTE PARA O AUTOR** em sessões de videoconferência com **METODOLOGIA DIFERENCIADA** da **EDITORA LEADER**;

- **DISTRIBUIÇÃO** em todo o Brasil — parceria com as melhores livrarias;

- **PROFISSIONAIS QUALIFICADOS** e comprometidos com o autor;

- **SEGMENTOS:** Coaching | Constelação | Liderança | Gestão de Pessoas | Empreendedorismo | Direito | Psicologia Positiva | Marketing | Biografia | Psicologia | entre outros.

LIVRARIA MARTINS FONTES

amazon

AMERICANAS

leitura

livraria cultura

Livrarias Curitiba

Saraiva

Esperamos você para um café!

Entre em contato e vamos conversar!

Nossos canais:

Site: www.editoraleader.com.br

E-mail: contato@editoraleader.com.br

◎ @editoraleader

Telefone: (11) 3991-6136 | (11) 98241-8608

O seu projeto pode ser o próximo.

Editora Leader